ŒUVRES

DE

SAINT-SIMON & D'ENFANTIN

PUBLIÉES PAR LES MEMBRES DU CONSEIL

INSTITUÉ PAR ENFANTIN

POUR L'EXÉCUTION DE SES DERNIÈRES VOLONTÉS

ET

PRÉCÉDÉES DE DEUX

NOTICES HISTORIQUES

TOME DEUXIÈME

PARIS

E. DENTU, ÉDITEUR

LIBRAIRE DE LA SOCIÉTÉ DES GENS DE LETTRES

PALAIS-ROYAL, 17 ET 19, GALERIE D'ORLÉANS

1865

ŒUVRES

DE

SAINT-SIMON & D'ENFANTIN

II

SAINT-GERMAIN — IMPRIMERIE DE L. TOINON ET Cᵉ.

ŒUVRES

DE

SAINT-SIMON & D'ENFANTIN

PUBLIÉES PAR LES MEMBRES DU CONSEIL

INSTITUÉ PAR ENFANTIN

POUR L'EXÉCUTION DE SES DERNIÈRES VOLONTÉS

ET

PRÉCÉDÉES DE DEUX

NOTICES HISTORIQUES

TOME DEUXIÈME

PARIS

E. DENTU, ÉDITEUR

LIBRAIRE DE LA SOCIÉTÉ DES GENS DE LETTRES

PALAIS-ROYAL, 17 ET 19, GALERIE D'ORLÉANS

1865

NOTICES
HISTORIQUES

II

ENFANTIN

IV

(1828)

(Suite).

La sérénité d'Enfantin fut passagèrement troublée pendant l'été de 1828, par quelques embarras dans les affaires privées de son père. Sa correspondance avec sa cousine renfermait à ce sujet des détails où l'esprit du novateur, qui annonçait le classement exclusif selon le mérite réel, se donnait beau jeu, dans la familiarité, à l'égard de quelques capacités officielles, et aussi de l'application rigoureuse de la lettre morte de la loi.

« Le procès Enfantin frères, disait-il, nous a mis en émoi tous ces jours-ci. Nous avons cru, pendant quelques jours, que nous allions être définitivement condamnés; cependant, il y a encore de l'espoir; on nous renvoie devant M. Delessert, c'est un honnête homme. Nous espérons qu'il acceptera; il nous tarde de sortir des griffes des juges pour passer dans les mains d'un industriel. Croiriez-vous qu'un de ces juges avait la naïveté de me dire l'autre jour, quand je voulais lui expliquer quelques obscurités de la comptabilité de cette affaire : « Ne me parlez pas de comptes, je n'y entends rien ; du droit, parlez-m'en tant que vous voudrez, j'en fais depuis quarante ans ! » et le brave homme allait juger une affaire de commerce, un compte très-détaillé et assez difficile à suivre pour un homme qui ne serait pas assez fort sur la matière. Un autre me dit : « Oui, il paraît que vous avez des fripons contre vous, mais votre procédure a été bien mal conduite. » C'était comme s'il avait dit : « Vous êtes innocent, mais je vous condamne à mort, parce que la forme est contre vous. » Et il ne s'affligeait pas pour lui, ni pour la loi dont il est l'organe! »

Le développement donné dans cette même lettre à la démonstration d'une évolution nécessaire et prochaine de l'esprit religieux dans l'humanité, impressionna fortement, sans l'irriter, la catholique fervente qu'Enfantin considérait et chérissait comme une sœur. Tout en abritant sa modestie derrière une déclaration d'infériorité trop grande pour essayer de combattre un intrépide novateur bien préparé aux luttes philosophiques, cette vaillante sœur osa accepter le débat, et présenter des objections, au nom de ses vieilles croyances, et quelquefois aussi sous le couvert du rationalisme dominant. Enfantin lui sut gré de cette hardiesse toute cordiale, et s'empressa de lui en témoigner sa vive satisfaction, dans une nouvelle épître, datée du mois de septembre.

« Je te remercie, lui dit-il, ma chère Thérèse, d'avoir passé par-dessus la crainte de paraître *ganache* à mon *esprit sublime*; tu as répondu à l'objet principal de ma lettre, parce que tu pensais que tu m'aurais fait de la peine, en gardant le silence sur des choses qui me tiennent si fort à cœur. Je t'en remercie encore, car tu m'aurais en effet peiné si tu m'avais répondu comme Émile m'a écrit à son retour de voyage; non-seulement parce que tu aurais pu diminuer par là l'espoir que j'ai de te voir aimer un peu, un jour, ce que j'aime tant, mais parce qu'il m'aurait été difficile de ne pas voir de la froideur, de l'éloignement, dans ton silence sur une chose qui ne peut te paraître indifférente pour mon bonheur. Quelle que soit l'opinion que tu te formes sur ce que j'appelle la volonté de Dieu, volonté que j'aime, volonté pour laquelle tu me vois ardent, enthousiaste, tu dois bien penser qu'une chose qui me dicte des devoirs, qui m'échauffe assez pour me commander des sacrifices, pour diriger tous mes désirs, pour fixer toutes mes espérances, doit exciter la sollicitude des personnes qui ne veulent pas cesser de m'aimer. S'éloigner de moi sur de pareils sujets, c'est montrer de l'éloignement pour moi-même, et plus on reconnaît que ces idées m'occupent et remplissent presque toute mon existence, plus on témoignerait d'indifférence, en refusant de s'entretenir d'elles avec moi.

« Je ne crois pas, ma chère amie, avoir dit que Saint-Simon était le Jésus de l'avenir, que Rodrigue était un nouveau saint Jean et moi un nouveau saint Marc; j'ai pu dire qu'il s'agissait aujourd'hui de *préparer* une rénovation humaine semblable à celle que le christianisme a produite; j'ai pu comparer Saint-Simon à *Socrate*, et nous aux philosophes grecs qui ont préparé, à la suite de Platon, *le sol où devait naître* le christianisme; mais je ne suis pas aveuglé par mon amour pour notre maître, par ma confiance dans nos propres forces, dans l'influence qu'auront nos travaux, au point de croire Saint-Simon et nous dignes d'être mis sur la même ligne que Jésus et ses disciples. Nous *préparons* les esprits à recevoir la révélation de la volonté de Dieu, à ne pas la repousser, soit par d'anciens préjugés, soit par le doute irréligieux. Et lorsque la voix de Dieu se fera entendre, lorsque des hommes vraiment divins viendront révéler cette volonté, eux seuls pourront la faire chérir, mais nous espérons alors mériter leurs bénédictions pour les efforts que nous aurons faits dans le but de faciliter leur mission : regarde si les philosophes qui ont annoncé le christianisme, si les poëtes qui l'ont prophétisé, ont eu le pouvoir, comme Jésus et ses disciples, comme les apôtres de la foi nouvelle, *prédite* depuis longtemps mais non encore exprimée, de passionner les hommes, de les réunir dans une croyance commune, de faire sortir des professions les plus basses, les plus fermes soutiens de l'Évangile, les *témoins* les plus dévoués; non, ils ont fait ce que nous cherchons à faire; Dieu leur a refusé la puissance qu'il a donnée plus tard à de pauvres pêcheurs, à des apôtres, à des esclaves, mais il leur avait confié la mission d'annoncer, de prévoir le renouvellement que produirait bientôt sa parole. »

Après avoir ainsi expliqué la mission philosophique et religieuse des disciples de Saint-Simon, Enfantin consacrait encore de nombreuses pages à la justification des points de doctrine sur lesquels sa parente avait plus particulièrement porté les répugnances de sa foi et les résistances de sa raison. Il terminait ainsi : « Tu me dis que tu feras ton possible pour aimer la doctrine pour l'amour de moi; tu l'aimeras un jour, je l'espère, pour l'amour d'elle-même. »

On peut dire qu'à dater de cette époque, les *lettres à Thérèse*, communiquées aux collaborateurs d'Enfantin, formèrent une série de prédications intimes et éloquentes, visiblement destinées à figurer un jour parmi les monuments les plus précieux de la propagande primitive du saint-simonisme.

En septembre 1828, cette propagande éprouvait une crise d'accroissement et d'extension. Les chefs de l'école se préoccupaient plus que jamais de la reprise du *Producteur*. Enfantin écrivait, le 30 de ce mois, à Rességuier :

« Oui, mon cher frère en Saint-Simon, le *Producteur* s'avance, las des banquiers et de leurs formes intéressées pour toutes les choses, même pour celles qui ne sont que de dévouement, nous nous sommes réunis avec les personnes les plus vivement intéressées au succès de la doctrine, et nous avons résolu d'assurer au *Producteur*, par nous-mêmes, au moins quatre cents abonnements pour deux années, ou deux cents par année, ce qui nous suffit à peu près pour faire les frais.

» Ceci n'empêche pas que le projet de Bazard ne reçoive son exécution, nous espérons pouvoir faire marcher les deux choses de front, mais il nous faudra le secours de toutes les forces intellectuelles de la doctrine; préparez-vous donc.

» Combien ce spectacle aurait fait jouir notre maître, mon cher Rességuier ! Pendant toute sa vie, il n'a pu être entouré que de Judas et de saints

Pierre que le chant du coq a trouvés parjures ! Aujourd'hui il verrait un foyer brûlant près de lui, il jouirait de votre dévouement, de l'affection que vous témoignez pour la doctrine qui vous a donné une nouvelle vie, pour les hommes qui vous ont soufflé avec zèle l'esprit saint dont ils sont animés.....

» Je vous ai, je crois, déjà parlé des progrès de la doctrine autour de nous; le nombre des élèves s'est accru, l'exposition hebdomadaire de Bazard se continue chez moi; il y a toujours près de vingt-cinq à trente auditeurs; en même temps nous faisons une percée à Lyon; quelques amis, qui se sont jusqu'à présent occupés en amateurs de nos idées, vont combiner leurs efforts et mettent à notre disposition le *Précurseur*, journal politique; nous n'avons pas, comme vous le pensez bien, l'intention de rédiger à distance un journal *quotidien;* mais nous voulons amener nos amis qui le rédigent, à faire eux-mêmes ce qu'ils demandent de nous; le *Producteur* et les correspondances nous donneront assez à faire..... »

Quelques jours après, la proposition suivante, formulée par Enfantin, était lue dans une réunion d'environ trente personnes qui en acceptèrent les conditions et la revêtirent de leurs signatures :

REPRISE DU PRODUCTEUR

« 4 octobre, 1828.

» MM. Bazard, Buchez, Enfantin, Laurent, Rodrigue, anciens rédacteurs du *Producteur*, ayant l'intention de reprendre la publication de ce journal, mais ne voulant le faire qu'autant qu'ils seraient assurés d'avance, quel que fût le succès financier de cet ouvrage, de pouvoir le continuer pendant deux années au moins, ont pensé devoir, pour atteindre ce but, s'adresser aux personnes qui s'intéressent le plus vivement à la propagation de la doctrine de Saint-Simon, et leur proposer un projet dont le résultat serait d'assurer pour chacune de ces deux années, au moins deux cents abonnés, nombre qui paraît à peu près suffisant pour faire les frais matériels de la publication de six volumes de trente-six feuilles d'impression, tirés à cinq cents exemplaires.

» La souscription ouverte ci-après serait remplie par l'engagement que l'on prendrait, de répondre, dans le cours de deux années, du placement d'un certain nombre d'abonnements annuels qui ne pourraient être au-dessous de dix, et dans tous les cas d'en verser le montant à la caisse du *Producteur*, d'avance, par trimestre.

» L'abonnement annuel est de trente francs pour Paris.

» Chaque souscripteur s'engagera à procurer, pendant les années 1829 et 1830, au moins dix abonnements de trente francs, soit cinq abonnés par an.

» Lorsque les personnes qui auront pris cet engagement trouveront à placer des abonnements, elles donneront au libraire les noms et adresses de leurs remplaçants; leur compte sera déchargé des payements faits par ces abonnés.

» Chaque souscripteur recevra un seul exemplaire du *Producteur*, quelque soit le nombre des abonnements souscrits par lui; il continuera à le recevoir gratuitement, pendant les deux années, dans le cas même où il aurait placé tous les abonnements sous son nom.

» La rédaction du *Producteur* étant gratuite comme elle l'était précédemment, et l'intention de faire de cette publication une spéculation n'existant pas, il est bien entendu que si, au bout de deux années, le nombre des abonnements dépassait la somme nécessaire pour les frais matériels, le surplus serait employé à rembourser aux souscripteurs les abonnements qu'ils n'auraient pas pu placer. »

« Ont souscrit :

MM. Bazard, Buchez, Enfantin, Laurent, Rodrigue, Péreire jeune, Péreire aîné, Boulland; Margerin, Alisse Jules, Alisse Adolphe, Carnot, Auger, Dufresne, Thibaudeau, Rességuier, Halphen, Rodrigue Eugène, Sarchi, Fournel, Bontems, Laglandière, Baud, Vieillard, Mesnier, Hennecart, Vandermarck, de Montgery, Ardouin, Edmond Talabot, Mellet [1]. »

Tout semblait favoriser si bien la reprise du *Producteur*, qu'Enfantin, revenant à la fin d'octobre à sa correspondance avec Pichard, disait avec confiance à son vieux camarade :

1. La publication du *Producteur* ayant éprouvé de nouvelles difficultés, Enfantin écrivit plus tard au bas de cette souscription :

« Ceci donna lieu à la fondation de *l'Organisateur* qui n'eut lieu toutefois qu'en août 1829. La réunion où ces abonnements furent pris se tint chez Desmare en un dîner de trente personnes; presque tous les signataires s'y trouvaient. »

« Il y a bien longtemps que nous ne nous sommes réciproquement donné de nos nouvelles, mon cher Pichard; je romps le silence, parce qu'il ne faut pas s'oublier. J'ai longtemps été malade ; je ne me rappelle pas si je vous ai écrit depuis une année, et si vous avez su que ma santé s'en allait rapidement. Je l'ai cependant retenue au beau moment, et je suis complétement ou presque complétement rétabli depuis plusieurs mois, observant seulement assez ma manière de vivre, et privé de cette grasse masse de graisse que je portais autrefois, et à laquelle j'ai dit adieu de bon cœur... Je me suis donc remis au travail, nous avions presque tous été étrillés par le *Producteur;* et les rédacteurs ont presque tous passé par l'hôpital. Ils sont sur pied aujourd'hui, et vont recommencer de plus belle. Le premier numéro paraîtra pour le commencement de l'année prochaine... »

Enfantin ajoutait :

« Nous organisons actuellement à Paris un centre d'élèves de l'école dans un but spécial de sciences industrielles. Je ne sais si cela pourra avoir, promptement du moins, un bon résultat; mais c'est une institution réclamée par les besoins du temps, et d'autant plus indispensable que l'éducation que l'on reçoit aujourd'hui en temps de paix, à l'École polytechnique, n'a pas éprouvé la plus légère modification. Elle est la même que sous le règne du grand sabreur, qui nous menait toujours à la victoire.

» Si notre réunion avait été formée, quand vous avez demandé l'avis de quelques ingénieurs, nous vous aurions répondu solennellement par une bonne note détaillée, signée d'une douzaine d'anciens élèves ; cela aurait pu bien faire. Je vous tiendrai au courant de cette nouvelle association, si elle prend consistance : Je crois qu'il n'y a jusqu'à présent qu'un seul élève que vous ayez pu connaître ; c'est Zédé, ingénieur constructeur. »

Dans sa dernière lettre à Rességuier, Enfantin lui avait demandé un état du personnel saint-simonien dans les villes du midi qui avoisinaient Sorèze. Rességuier s'était empressé de remplir ce désir, en même temps qu'il annonçait le résultat de ses démarches pour assurer des abonnements au *Producteur*. « Vous avez bien la tête qu'il faut, lui dit Enfantin (lettre du 4 novembre 1828), pour une doctrine nouvelle, mais vous avez aussi le cœur qui fait les apôtres. »

Dix jours après, ce n'était pas pour remercier

et féliciter un apôtre qu'Enfantin reprenait la plume, mais pour continuer sa pressante argumentation, avec les membres de sa famille, dont la conversion ne marchait pas, tant s'en faut, aussi vite qu'il le désirait et qu'il pouvait l'attendre de la puissance de ses démonstrations.

Et sa propre famille n'était pas la seule dont Enfantin fût incessamment obligé de combattre les doutes, les résistances, les inquiétudes. Le 5 novembre, le père de deux de ses collaborateurs apostoliques les plus dévoués, le père de son initiateur même, le père d'Olinde et d'Eugène Rodrigue, lui avait écrit :

« Monsieur,

» L'École de Saint-Simon, à laquelle je m'intéresse sous plus d'un rapport, renferme des hommes d'une haute intelligence et d'une droiture éprouvée. La doctrine qu'elle professe, avec une rare candeur, paraît au plus grand nombre des personnes qui en ont pris connaissance et qui croient l'avoir comprise, un tissu de rêves et de chimères. Le but de cette doctrine est des plus nobles, mais le moyen d'exécution, qui pourrait un jour en assurer le succès, paraît impossible à trouver. L'esprit humain est borné dans son action; au delà d'un certain cercle, il roule dans les espaces imaginaires. Croire qu'il soit jamais possible de gouverner mathématiquement une grande société, d'en surveiller *tous* les membres, de placer *chaque* individu dans la classe où son aptitude, ses goûts et ses penchants doivent le rendre le plus utile à ses semblables, *substituer* la direction sociale à la direction naturelle, *remplacer* la sollicitude paternelle par la sollicitude des banquiers, changer la constitution de la propriété de manière à ce que les biens ne puissent plus se transmettre par voie de succession, *affaiblir* ainsi tous les sentiments de famille, pour les *absorber* dans le *sentiment social*, n'est-ce pas méconnaître la nature humaine, et ne considérer les hommes que sous le rapport rationnel? Je le crains, et avant d'aller plus loin dans l'exposition de ces doutes sur la doctrine de l'école, je vous demande la permission de terminer cette première lettre, que je ferai suivre d'une seconde, si vous consentez à dissiper les ténèbres qui obscurcissent mon entendement.

» Recevez en attendant, Monsieur, la parfaite estime que je vous porte et que vous méritez si bien.

» J. Rodrigue *père*. »

1. M. Rodrigue, père d'Olinde et d'Eugène Rodrigue, était

DU MÊME AU MÊME.

« Vous serez assez étonné, mon cher Enfantin, de la lettre que je vous adresse sur la doctrine de Saint-Simon; je ne sais si vous aurez la bonté d'y répondre, mais il m'est si pénible de me trouver divisé d'opinions à ce sujet avec ce que j'ai de plus cher au monde, que vous me rendriez un véritable service si vous pouviez m'amener à penser comme vous.

» Recevez l'assurance de tous mes sentiments,

» RODRIGUE *père*.

» Paris, 5 novembre 1828. »

La réponse d'Enfantin à M. Rodrigue père manque à la collection de sa correspondance manuscrite. Il est possible que, pour la rendre plus complète et plus persuasive, Enfantin eût cru devoir la faire verbalement dans des entretiens particuliers. Mais tout ce que M. Rodrigue, dans sa pre-

l'oncle de MM. Péreire. Il eut pour gendres MM. Péreire aîné, Sarchi et Baud. Il avait assisté quelquefois, en 1826, au dîner hebdomadaire du *Producteur*. Il resta toute sa vie l'admirateur sympathique des idées saint-simoniennes.

mière lettre, avait dit du rationalisme exclusif des saints-simoniens, du gouvernement mathématique de la société, de la substitution des banquiers aux pères de famille, de la méconnaissance des lois naturelles, tout cela était incessamment réfuté par Enfantin dans sa correspondance. La nouvelle et très-longue épître qu'il adressa, le 15 novembre, à Thérèse, commençait ainsi :

« J'espérais bien, ma chère amie, qu'en relisant ma première lettre avec attention, et surtout en recevant la seconde que je t'ai écrite, de nouvelles réflexions naîtraient dans ton esprit; mais je t'avoue que je ne m'attendais pas cependant à recevoir aussi promptement d'aussi bonnes et d'aussi longues lettres de toi.

» Je savais bien tout ce qu'il y avait d'extraordinaire dans mon langage, dans mes idées, pour toi et pour Émile, qui les a bien moins compris que toi. Saint Paul, parlant à des Juifs et à des sceptiques de Rome, devait les étonner tous également; saint Augustin, racontant à des incrédules ou à des rabbins sa miraculeuse conversion, devait paraître aux premiers ce que je suis aux yeux d'Émile, un esprit très-mobile, changeant d'idées avec une grande facilité, et se passionnant pour elles avec un enthousiasme ridicule; avec les autres, du moins, il avait un point de contact, la religion de Moïse qu'il vénérait, qu'il admirait, qu'il connaissait au moins autant qu'eux, et dont il vantait toute la divinité. J'en appelle à Émile, plus calme, réfléchissant sur mes lettres, et surtout étudiant plus attentivement qu'il ne l'a fait jusqu'à présent la doctrine de Saint-Simon. Il en est, sur ce dernier point, à peu près où je me trouvais après trois mois consacrés à l'étude des ouvrages de notre maître; il est vrai que, pendant ces trois mois, j'ai certainement plus travaillé, pour comprendre ces nouvelles idées, qu'Émile ne l'a fait depuis trois ans que je l'ai mis à même de se les approprier, s'il s'en était donné la peine... Il est tombé dans une si grande erreur, quant à notre doctrine, qu'il regarde comme toute *matérielle*, ou du moins comme *particulièrement* propre à exciter l'amour des richesses, qu'il a besoin d'y réfléchir encore, et, pour s'éclairer à cet égard, il lui suffira de songer à l'esprit qui règne dans mes lettres, aux désirs qui m'animent, à l'absence de toute vue personnelle en moi, pour comprendre que *la doctrine de Saint-Simon peut aussi pénétrer dans le cœur de l'homme; qu'elle tient compte des passions, qu'elle demande à ses disciples le sacrifice de leur bien-être actuel, et que nous ne mettons pas ce bien-être d'un jour avant tout;* car, j'ai dit toutes ces choses, et Émile me permettra de croire que je suis élève de Saint-Simon, que j'exprime mieux l'essence de sa doctrine qu'il ne peut le faire, lui, qui s'en est occupé certainement beaucoup moins, et surtout avec moins de désir de la posséder tout entière. »

Dès ce temps là, en effet, ainsi que nous en avons déjà fait la remarque, Enfantin la possédait tout entière, cette doctrine, et non pas seulement telle que Saint-Simon l'avait léguée à son disciple fidèle, Olinde Rodrigue, mais telle qu'il devait l'interpréter, la compléter, et la déposer lui-même dans ses œuvres.

Dès ce temps là, il avait profondément étudié les grands problèmes qui ont agité l'humanité depuis son berceau, et pour lesquels elle a toujours cherché et su découvrir une solution conforme à ses désirs, à ses lumières, à ses besoins. Dans toutes ses correspondances, Enfantin laissait apparaître ou développait de plus en plus sa pensée religieuse. La vie universelle, la vie éternelle, la providence divine, la révélation successive, le sens caché des miracles, l'intervention de la providence sociale pour mettre fin à l'exploitation de l'homme par l'homme, et pour faire, de la femme, l'égale et la véritable moitié de l'homme, comme devant former ensemble l'individu social; toutes ces questions suprêmes, touchant aux rapports de la perfection divine avec les imperfections et la perfectibilité de la nature humaine, étaient plus ou moins indiquées et discutées dans la lettre à Thérèse, du 15 novembre, que nous venons de citer.

« Ne t'effraie pas, ma chère amie, disait Enfantin, au sujet des missions providentielles, ne t'effraie pas quand tu nous vois dire que Dieu révèle aujourd'hui aux hommes une nouvelle volonté, *annoncée* par Jésus-Christ, mais *non exprimée* par lui, puisque lui-même nous a déclaré qu'il ne voulait pas dire toute vérité; et que nous voyons, par l'exemple de Moïse, apprécié par saint Augustin, que, dans les vues de Dieu lui-même, *toute vérité n'est pas bonne à dire*, et qu'il les réserve pour le moment où l'homme est capable de les entendre.....

» Tu t'étonnes que nous prenions pour modèles les apôtres, et que je dise avec conviction que nous n'avons encore rien fait pour que Dieu nous confère aujourd'hui une mission semblable à la leur. C'est quand nous n'aurons pris qu'eux pour *modèles*, c'est quand nous aurons fait tout notre possible pour les *imiter*, que Dieu nous désignera pour proclamer sa volonté. De quel sceau serons-nous marqués, pour qu'on nous reconnaisse? me diras-tu. Peux-tu me faire une question comme celle-là, ma chère Thérèse? Dieu a-t-il besoin aujourd'hui, pour désigner les hommes auxquels il donne l'ordre de prêcher sa parole, de faire paraître une flamme sur leur tête, de faire briller dans le ciel une croix lumineuse, de nous frapper par des miracles matériels? Nous sommes complétement affranchis du polythéisme; apprécie donc mieux le progrès que Dieu a fait faire à l'humanité. Les chrétiens parlaient à des peuples barbares qui n'étaient frappés que par des objets matériels, Dieu a étonné leur intelligence par les seuls moyens capables d'émouvoir leur brutalité.

» Mais tu demandes comment on saura que nous parlons *au nom de Dieu*. Songes donc que tu prononces là un véritable blasphème, et que, si c'est la volonté de Dieu que nous exprimons, c'est qu'il aura voulu la mettre dans notre bouche; or, si Dieu nous choisissait pour organes, ne serait-ce pas le sceau le plus évident qu'il pût nous imprimer? On saura que nous parlons au nom de Dieu, précisément parce que nous parlerons au nom de Dieu; et que sa parole, dans notre bouche, sera aussi miraculeuse, plus miraculeuse mille fois que jamais ne l'a été aucune de ses paroles révélées jusqu'à nous, par la bouche des prophètes et des apôtres, parce qu'elle apportera au monde plus d'espérances, plus de bonheur, qu'elle n'en a jamais promis ; enfin parce qu'elle développera et accomplira la loi de la fraternité qu'il a donnée aux hommes par le Christ..... »

Ce n'est pas, en effet, une superstition de croire que l'homme parle à bon droit, au nom de la divinité, quand sa parole annonce une *bonne nouvelle* pour l'humanité, quand elle est visiblement favorable aux progrès moraux, intellectuels et matériels de la race humaine. Ce point de doctrine, établi par Saint-Simon et si bien développé par Enfantin, ne soulevait ni doute ni débat dans le sein de l'école. Mais les dissidences que nous avons signalées sur quelques dogmes fondamentaux subsistaient encore. Les idées d'Enfantin, sur la nature divine et sur la vie future, rencontraient même des opposants de deux sortes parmi ses anciens collaborateurs. Il n'avait eu à combattre d'abord que des tendances matérialistes, il se trouvait maintenant en présence d'une autre opposition, sortie du milieu même des physiologistes, tournant désormais au spiritualisme catholique Nous reviendrons plus tard sur cette controverse intime et capitale, et sur ses conséquences.

Parmi les jeunes disciples qui s'attachaient avec le plus d'ardeur à la bannière d'Enfantin, on distinguait particulièrement Eugène Rodrigue et Isaac Péreire. Les anciens de l'école, qui formaient déjà ce que l'on commençait à appeler *le collége*, sentirent bientôt la nécessité de grouper autour d'eux, d'une manière régulière, leurs nouveaux coopérateurs; ils les appelèrent à constituer un apostolat secondaire. Depuis qu'Enfantin habitait à la caisse hypothécaire, il avait reçu chez lui, dans la soirée des mercredis, après le dîner hebdomadaire, la plupart des souscripteurs pour la reprise du journal, ceux qui paraissaient aimer et comprendre le mieux la doctrine. Outre Eugène Rodrigue et Isaac Péreire, les assistants les plus assidus étaient Sarchi, Margerin, Fournel, Carnot, Boulland, Jules Alisse, Baud, Laglandière, etc. Bazard prit le plus souvent la parole dans ces réunions, où se firent les premiers essais d'une exposition orale des idées saint-simoniennes.

Au commencement de décembre 1828, sur l'appel des chefs de l'école, ainsi que nous venons de le dire, les disciples désignés pour former un deuxième degré d'initiation, eurent leur première séance d'installation (7 décembre). Eugène Rodrigue y marqua tout d'abord la place élevée qu'll était digne d'occuper dans la hiérarchie nouvelle.

« Nous sommes appelés, dit-il, nous avons été élus par les premiers disciples de Saint-Simon au glorieux emploi d'intermédiaires entre eux et toutes les personnes qui aspirent à entrer dans la doctrine. Notre premier devoir, notre plus ardent désir, doit être de nous pénétrer intimement des fonctions que nous allons avoir le bonheur de remplir; et d'abord, mes chers amis, j'appelerai votre attention sur une première division qu'il y a lieu d'établir dans nos travaux de doctrine, et ce sont là dorénavant les plus importants de notre vie; ils se partagent en deux ordres : travaux de propagation orale, travaux de propagation écrite. Notre ami Enfantin nous disait avant-hier soir : « Les » plus forts d'entre nous seront ceux qui au bout » d'un temps donné, auront formé autour d'eux, » les plus grands cercles de doctrine » ; gravons ces paroles dans nos esprits, gravons-les dans nos cœurs, que chacun de nous, animé d'une sainte ardeur, prenne la parole, saisisse la plume, selon que la parole ou la plume sera pour lui un plus puissant moyen de conversion. Oui, mes amis, il s'agit aujourd'hui de convertir ; des torrents de lumière ont été versés dans nos âmes par nos pères en doctrine, soyons pères à notre tour, cherchons avec confiance les enfants que Dieu nous a certainement donnés.....

» Que chacun de nous descende dans son cœur, qu'il en fasse vibrer toutes les cordes, qu'il se demande si sa régénération est complète, s'il y a harmonie parfaite entre ses pensées et ses sentiments ; appelés à régénérer les autres, nous devons d'abord nous régénérer nous-mêmes ; dépouillons le vieil homme, extirpons en nous le type voltairien dont nous sommes tous plus ou moins empreints; enfants du siècle, devenons autant que possible enfants de l'éternité. J'ai prononcé le mot d'éternité, mes amis, je vous vois sourire de l'état de déception où vous croyez que me met l'orgueil philosophique, et cependant je ne puis que répéter ma pensée; oui, mes amis, celui-là est vraiment enfant de l'éternité qui a la conscience nette et ardente de la mission qu'il a à remplir dans cette vie ; nous serons des chaînons de la chaîne éternelle, si nous avons la ferme volonté de nous attacher de toute la puissance de notre être au chaînon qui nous précède et à celui qui nous suit.

» Nous sommes sur les limites de deux mondes, le monde chrétien et le monde de l'avenir. Grâce à la philosophie de Saint-Simon, nous pouvons évoquer le moyen âge et admirer sa beauté. C'est la statue de Memnon qui, frappée par les lumineux rayons du foyer de la doctrine, rend pour nous seuls des sons harmonieux. Le dirai-je ici, mes amis, Montlosier, de Maistre et Lamennais ont cru travailler pour le passé; instruments aveugles! c'est nous qui jouissons de leurs travaux. Ceux mêmes de leur parti n'ont plus qu'une foi morte, ils ne voient, malgré eux, dans ces illustres écrivains, que des théologiens à talent et des féodaux spirituels; nous seuls pouvons éprouver la sympathie de la compassion pour ces derniers efforts d'un flambeau qui s'éteint. Mais c'est assez parler du passé, tournons-nous vers l'aurore de la renaissance, que nous voyons poindre dans l'avenir, et, loin d'arrêter comme Josué cet astre nouveau, hâtons par nos vœux réunis, par nos efforts combinés, sa sortie du sein de la mer orageuse où nous sommes jetés.

» Plus heureux que les élèves de Platon et d'Aristote, parce que nous avons leur expérience sous les yeux, nous voyons nettement, d'une part, la doctrine de Saint-Simon qui correspond à la philosophie de Socrate, et, d'une autre part, nous apercevons, confusément à la vérité, la religion correspondante à celle du Christ, dans laquelle la doctrine se résoudra. C'est un point, mes chers amis, que je crois utile de rappeler entre nous pour notre première réunion. Sachons bien clairement dans quelle voie nous sommes, nous trouverons facilement le moyen d'accélérer nos pas. »

« Ce discours, a dit Enfantin, fut prononcé par Eugène dans une réunion composée de Sarchi, Péreire, Boulland, Alisse et quelques autres. En général il ne fut pas compris et déplut, Péreire et Sarchi seuls exceptés. Ce fut depuis lors cependant que les titres de *père*, *frère*, *fils*, furent réellement installés dans l'École, et ce fut, depuis cette époque, que la foi philosophique se transforma en foi religieuse ; c'était la première fois que, dans nos discours, la pensée de la vie éternelle occupa une aussi large place, et que le parallèle de Saint-Simon et de Socrate, et l'attente d'une révélation *religieuse*, étaient aussi nettement exprimés [1]. »

Le discours d'Eugène Rodrigue, généralement mal compris et mal accueilli par son auditoire, fut

1. Note d'Enfantin, mise en marge d'une copie de ce discours, en octobre 1832.

suivi d'une nouvelle réunion, qui eut lieu chez Enfantin le mercredi 10 décembre. Un des membres des réunions du mercredi a écrit, en janvier 1833, sur cette séance, quelques lignes qui peignent exactement l'état de l'école, à la fin de 1828 :

« Le mercredi 10 décembre 1828, dit Fournel, il fut convenu qu'à partir du mercredi suivant une exposition régulière de la doctrine aurait lieu, et que chacun amènerait ceux de ses amis qu'il jugerait capables de s'intéresser à nos idées. Le mercredi 17 décembre, eut lieu, en effet, la première séance, dans la chambre d'Enfantin, mais les auditeurs se trouvaient tellement nombreux que la chambre fut trop petite. L'auditoire fut convoqué, à quinzaine, rue Taranne, où eut lieu la seconde séance, le 31 décembre. Le mercredi 24, un maître d'anglais nous loua son salon rue Vivienne ; c'est là que Carnot lut son procès-verbal, que Talabot lut ce qu'il avait écrit sur la première séance, et que Rodrigue donna lecture de ce que Fournel avait écrit ; ce travail forma la première séance du volume d'exposition de la première année. »

(*Note de Fournel, tirée des manuscrits d'Enfantin.*)

V

(1829)

L'exposition publique des idées saint-simoniennes était donc fondée. L'école avait sa chaire, et dans une salle où se rencontraient habituellement des hommes voués aux travaux intellectuels et aux œuvres philanthropiques. C'est là, en effet, que se réunissait, entr'autres sociétés accréditées dans le libéralisme, la *Morale chrétienne* [1], celle dont avaient fait partie quelques saint-simoniens, tels que Carnot, Laurent, Alisse, etc.

Bazard se chargea de cette exposition, dont les éléments étaient d'ailleurs préparés, de séance en séance, dans les réunions du collége. Cet enseignement oral et les discussions préparatoires qu'il exigeait, ajoutés aux travaux journaliers des correspondances particulières, firent nécessairement ajourner les publications projetées en 1828. Aussi, Enfantin écrivait-il à Pichard, en avril 1829 :

1. MM. de Broglie et Guizot étaient les membres influents de cette société.

« L'enfantement du *Producteur* est laborieux, nous avons tous été occupés, depuis un an, à divers travaux, chacun de notre côté. La propagation orale nous prend, d'ailleurs, un temps infini ; et elle marche avec assez de succès. J'ai aussi plusieurs correspondances qui m'absorbent (toujours pour la doctrine) ; enfin le noyau de rédacteurs que nous nous occupons de former, et les progrès que nous avons toujours à faire nous-mêmes dans le développement des idées, nous ont empêché de mettre la presse en jeu. Cela viendra bientôt, j'espère. »

Parmi les correspondances pour la doctrine qui absorbaient Enfantin, il faut mettre en première ligne celle qu'il poursuivait avec tant de soin et de zèle apostolique avec sa cousine Thérèse, et à laquelle nous avons déjà emprunté et nous emprunterons souvent encore des citations toujours remarquables. C'est qu'en écrivant à ses parents et amis de Curson, Enfantin se proposait le double but de formuler pour lui et pour les autres les différents points du dogme qu'il émettait et soutenait dans le collége, et de faire, pour ses proches et pour l'avenir, le résumé apologétique de la doctrine. Cette intention se trouve assez nettement exprimée dans la lettre à Thérèse, du 13 mars 1829 :

« Tu attends avec impatience, dit Enfantin, l'ouvrage que je t'ai promis dans ma première lettre. Cet ouvrage, ma chère amie, j'y travaille toujours, et *en ce moment même,* car, ce sont MES LETTRES. J'espère qu'en te montrant le fond de mon cœur dans ces causeries intimes, tu me comprendras mieux que si je m'adressais au public qui ne me connaît pas comme tu me connais. . . . .

» Je t'avais dit que cet ouvrage, promis à ton impatience, me forcerait à étudier avec plus de soins encore le catholicisme ; je l'ai fait, et m'en occupe toujours ; je lis, dans nos grands livres, avec les yeux de l'avenir, j'y cherche plus encore ce qu'ils nous promettent que ce qu'ils nous ont donné, c'est le moyen de les admirer *doublement,* et voilà pourquoi je t'ai dit que le Christ et Moïse étaient plus grands pour nous que pour toi. »

Dans cette lettre, les plus hautes questions de théologie et de politique étaient tour à tour examinées et discutées, de manière à en faire pressentir autant que possible la solution nouvelle. Enfantin s'attachait à mettre en lumière ce qui devait séparer le saint-simonisme du mosaïsme, du catholicisme, et aussi du protestantisme et du philosophisme. Dans son *Credo* religieux et social, il s'attaquait à la fois aux superstitieux et aux athées, pour bien caractériser sa pensée sur Dieu, le Christ, le pape, etc., etc.

» Parlons d'Émile, disait-il à sa cousine, il se propose donc de me faire quelques questions sur lesquelles il me priera de répondre *clairement* par des *oui* ou des *non*; et la première, ajoutes-tu, est de savoir *si je crois en Jésus-Christ.*

» Pour répondre clairement à une question, il faut avant tout que la question soit claire, et je l'engage beaucoup à réfléchir avant de me poser ses questions, parce que, si elles étaient toutes aussi mal faites que celle que tu me cites, je pourrais y répondre indifféremment par *oui* ou par *non*, car certainement je crois en Jésus-Christ d'une manière qui n'est pas la même que celle de bien d'autres personnes qui y croient. Pour qu'Émile comprenne bien ce que je te dis là, je t'engage à me dire ce qu'il entend lui-même par *croire en Jésus-Christ.* Alors je pourrai répondre *oui* ou *non* aux questions qu'il me fera. Je sais bien qu'on croit souvent embarrasser quelqu'un en lui demandant de répondre catégoriquement par oui ou par non à une question, mais, je le répète, il faut que la question soit susceptible de réponse catégorique.

Ainsi, par exemple, si Émile me demandait : Crois-tu qu'il ait existé un homme qu'on a appelé *Christ;* je lui répondrais que j'y crois plus fermement encore que je ne crois à l'existence d'un César ou d'un Socrate, par la raison que j'ai pour ceux-ci comme pour l'autre un même moyen d'obtenir la conviction, les *traditions,* et qu'elles sont bien plus pleines du Christ que de César et de Socrate ; s'il me demande encore si je crois que Jésus-Christ a fait et dit ce que les Évangiles racontent; je répondrai que je suis bien plus certain de ce qu'il a dit et fait que de toutes les autres histoires, car aucun fait n'a été aussi important, pour toutes les générations qui nous ont transmis les faits du passé, que la vie du Christ. Mais, je le sais bien d'avance, ce n'est pas précisément ceci qui l'intéresse dans sa fameuse question ; il veut savoir si je crois que le Christ, fils de Dieu, est assis sur un nuage bien rembourré à la droite de son père, qui a une grande barbe, et s'il cause avec un pigeon appelé Saint-Esprit; il veut savoir encore si je crois qu'il a été conçu par une vierge, etc., etc., enfin, c'est toujours Voltaire qui m'interroge, Voltaire décolorant la poésie sublime du christianisme, pour faire, sans foi, de la poésie païenne. Qu'Émile me demande si je trouve la poésie du catholicisme plus belle que la mythologie, si l'épopée évangélique me remue plus que les combats d'Achille ou les malheurs d'Enée, je lui répondrai catégoriquement : Oui. »

Enfantin continue en disant qu'il croit en Jésus-Christ, parce qu'il sait que Dieu n'a pas voulu que l'humanité restât à jamais païenne et sanguinaire, et qu'il voit que le Christ a seul accompli cette volonté par son *divin* sacrifice.

» Mais, ajoute-t-il aussitôt, je viens d'employer ce terme de *divin* qui fait rire Émile, ou dans lequel du moins il voit une figure de rhétorique plus ou moins bien appropriée à la phrase. D'où vient donc que l'athéisme n'a pas chassé cette figure? Pourquoi exprime-t-elle toujours ce qu'il y a de grand, de beau, d'élevé? Est-ce un sacrifice que font les esprits forts aux vieilles habitudes de l'humanité?..... Que celui qui se sent capable de faire ce que Dieu a fait, l'Univers, ce que le Christ a fait, *la régénération de l'humanité*, nie Dieu et le *Christ*, il le peut, il sera Dieu lui-même, et l'humanité l'adorera, invoquera son nom, lui adressera ses prières. Rien n'est divin que ce qui porte l'empreinte d'une chose surhumaine. Mais l'existence de l'homme lui-même sur ce globe, sa création, celle de tous les objets qui nous entourent, ne dépassent-elles pas la puissance de l'être fini? L'homme est-il un fait humain? s'est-il créé lui-même? Oui, je reconnais Dieu là où je vois le pouvoir d'animer, car DIEU, c'est la VIE, c'est l'AME qui constitue l'unité, L'ÊTRE......

» J'ai dit, ma chère Thérèse, poursuit Enfantin, que pour savoir ma profession de foi quant au Christ, il fallait se débarrasser, et des idées de la critique et de celles du catholicisme; sans doute ceci t'aura blessée; mais j'ai dit aussi, ou du moins j'ai fait entendre, que le Christ était plus grand pour moi et parlait plus à mon cœur qu'il n'est grand pour un catholique; ce correctif brouillera pour un moment tes idées, j'en suis sûr; tu auras de la peine à comprendre que l'on puisse voir quelque chose de plus grand que le fils de Dieu, que le Verbe divin incarné, ceci est bien simple cependant : le Dieu de Moïse est le même que celui du Christ, c'est aussi le mien; mais les Juifs se font-ils une idée aussi grande de Dieu que les chrétiens! Dieu ne nous révèle-t-il pas constamment et *de plus en plus* sa puissance; ne nous a-t-il pas dit de nous *rapprocher* sans cesse de lui, et par conséquent de le *voir mieux*, de nous abîmer de plus en plus devant sa splendeur *mieux connue*?

Si le Dieu du Christ est plus grand que celui de Moïse, le Dieu de l'avenir sera plus grand encore que celui du Christ ; on aimera donc plus qu'on ne les a aimées encore la mission de Moïse et celle du Christ ; on appréciera plus chèrement les titres qu'ils ont à l'adoration de l'humanité, créée, pour ainsi dire, une seconde et troisième fois par eux. L'œuvre de la création n'est pas achevée ; Dieu ne nous a pas conduits où nous sommes pour nous faire languir loin de lui, à une distance qu'il nous aurait défendu de rendre à jamais moins grande. Son règne arrivera *sur la terre* comme dans le ciel, la hiérarchie céleste sera l'image fidèle de la hiérarchie terrestre ; le Christ lui-même ne l'a-t-il pas promis? Alors le *Verbe divin* aura été compris. »

Il faudrait tout citer dans cette lettre pour donner une idée exacte et complète de sa valeur dogmatique. Mais elle renfermait aussi des détails familiers sur la vie intime d'Enfantin, qui font connaître son état moral et physique à cette époque, et que nous croyons utile de reproduire :

« Ta dernière lettre, ma chère Thérèse, m'a forcé à prendre la plume ; j'ai voulu te montrer que le carnaval ne m'avait pas tué, et que j'entre bien

portant dans le carême : tes craintes et tes conseils me prouvent ton amitié et je t'en remercie. Rassure-toi ; Saint-Cyr ne me voit plus ma mine de Curson, mais j'ai trente-trois ans passés et je ne mène plus la vie de voyageur. Je suis maigre comme les bons soldats, je crois pouvoir dire aussi, comme les bons prêtres, parce qu'il faut être l'un et l'autre dans l'Église militante ; ainsi, Saint-Cyr et toi devez me trouver fort bien sous ces deux rapports isolés. Le rêve au cauchemar dont t'a parlé Aglaé n'a pas eu de suites. Je dors sans réveil *sept heures au moins* sur vingt-quatre, c'est bien assez. Je mange bien, mais certainement je ne mange pas la moitié de ce que je mangeais autrefois ; je ne fume plus du tout ; je ne travaille que très-rarement le soir ; je ne suis allé qu'une seule fois au bal, et encore est-ce parce que je n'ai pas pu m'en dispenser ; enfin je suis sage quoique tu puisses croire de ma faiblesse devant une table bien servie, parceque j'évite les occasions où la tentation pourrait me faire succomber. Je ne dîne jamais en ville, si ce n'est chez Camille, et je refuse même les amis quand ils ne sont pas tout à fait en petit comité, devant le simple pot au feu du ménage. Rassure-toi, je te réponds de moi ; *tant que je n'aurai pas fait tout ce que je veux faire pour la doctrine*[1]; Dieu n'appelle à lui les hommes que lorsqu'ils ont rempli leur mission, et je ne sens pas encore que la mienne soit finie. »

Non, certes, sa mission n'était pas finie ; elle commençait à peine. Ce fut vers ce temps qu'il échangea quelques lettres avec Ballanche, et qu'il écrivit à Fourier pour les remercier tous les deux de l'envoi de leurs ouvrages (*la Palingénésie sociale* du premier, et *le Nouveau monde industriel* du second), et pour les engager vivement à lire les œuvres de Saint-Simon qu'il leur avait adressées. Enfantin disait à Ballanche :

1. Enfantin avait foi en lui, et cela le rendait fort bienveillant à l'égard des autres. Sa cousine lui disait pourtant qu'on le soupçonnait d'être devenu intolérant, ce qui aurait été un signe de faiblesse. « J'entends dire, lui écrivait-elle, que semblable aux dévots, tu n'aimes plus rien que tes idées, et cela me déplait infiniment. » — « Eh quoi! toi aussi! les dévots te déplaisent infiniment, lui répondit Enfantin ; et c'est une catholique qui me dit cela! sois sûre, mon amie, que j'aime des personnes qui n'ont pas les mêmes opinions que moi, et que, si je les aime, c'est parce que je pense que Dieu ne s'est pas encore révélé à elles aussi fortement qu'à moi. Si sa volonté était généralement connue, tous les hommes qui se révolteraient contre elle ne me paraîtraient pas peut-être dignes de haine, mais je ne les aimerais pas. Aujourd'hui je sais faire la part de l'éducation que le dernier siècle nous a donnée; je sais que beaucoup d'entre nous ont eu le malheur de naître à une époque où Dieu semblait se retirer de l'humanité pour que bientôt elle désirât plus vivement son retour. »

« Monsieur,

« J'ai à m'excuser du long retard que j'ai mis à vous témoigner combien j'avais été sensible à votre obligeant souvenir, je voulais d'abord lire et relire Orphée et repasser encore une fois les prolégomènes, certain que je pourrais mieux exprimer l'impatience où nous sommes, mes amis et moi, de connaître la suite de votre bel ouvrage.

» Le *Producteur* va incessamment reparaître, et l'un de nos premiers soins sera de faire connaître l'impression que *la Palingénésie* a produite sur les élèves de Saint-Simon ; j'espère, monsieur, que nous pourrons justifier alors, mieux que je ne le ferais dans une simple lettre, l'exception que vous avez bien voulu faire en notre faveur ; cependant je sens le besoin de profiter de cette circonstance pour vous dire le regret que nous fait éprouver la sage réserve que vous vous êtes imposée dans la publication de cet ouvrage.

» Je ne crains pas d'affirmer que les élèves de Saint-Simon sont à peu près les seules personnes qui, occupées d'idées sérieuses, comprendront l'idée régénératrice de la Palingénésie, et sympathiseront avec elle ; tous, (et ils sont assez nombreux aujourd'hui) ont lu les exemplaires que vous m'avez envoyés ou ceux que leur sollicitude a su arracher avec peine de quelques mains privilégiées qui ne leur rendraient pas l'hommage d'étude qu'ils méritent. La masse du public lettré, absorbée par des intérêts politiques d'un jour, ou écrasée sous le poids de cette vieille enveloppe dont l'humanité s'efforce de se dépouiller; en d'autres termes, tout ce qui s'appelle libéral ou ultra, tout ce qui vit dans le présent ou dans le passé, et qui n'a pas d'avenir, ne vous lira pas ou vous lira mal; si quelques jeunes littérateurs, qui se disent philosophes, consentent à se donner *cette peine*, ils verront en vous un *écrivain élégant*, et croiront, en vous nommant ainsi, avoir justement apprécié et même dignement récompensé vos travaux.

» Pour nous, Monsieur, pour nous qui croyons à une grande régénération sociale, à un avenir promis par Dieu même à l'humanité, à un nouveau développement de la chaîne non interrompue des traditions, l'auteur de la Palingénésie a pris une noble place parmi les hommes dont l'âme généreuse sympathise avec les destinées humaines. Aussi est-ce avec une reconnaissance, et permettez-moi de vous le dire avec une respectueuse affection, que nous avons lu vos ouvrages, et les mêmes sentiments nous animeront lorsque, vous adressant non une critique mais une prière, nous demanderons au poëte des grands souvenirs de nous révéler surtout ses espérances, et de faire succéder une hymne de bonheur à l'élégie. »

Ballanche répondit que les espérances, dont on attendait de lui la révélation, seraient exprimées dans son IVe volume, où il traiterait de l'avenir des destinées humaines. Quant au présent, il le considérait comme trop fugitif pour qu'il valût la peine qu'on s'appliquât à le peindre. « D'ailleurs, disait-il, assez de personnes s'en occupent. »

Beaucoup de personnes, en effet, s'en occupaient alors, et il le fallait bien, puisque ce présent trop fugitif pour fixer le regard des philosophes purement spéculatifs, formait après tout le lien du passé et de l'avenir, et que les événements politiques qu'il produisait ou préparait en France devaient exercer une influence incontestable sur la marche plus ou moins rapide du progrès universel. Saint-Simon, s'il eût vécu jusque là, eût continué sa comparaison des Bourbons et des Stuarts. Marchant sur ses traces, Enfantin, quoique ardemment appliqué à l'étude du problème dont la solution intéresse tous les temps et tous les lieux, quoique absorbé en apparence par ses méditations profondes sur Dieu et l'humanité, Enfantin était loin de rester étranger à la politique contemporaine. S'attachant au contraire à démontrer, dans toutes ses discussions orales ou épistolaires, que cette politique, dogmatique et rétrograde chez les uns, critique et stationnaire chez les autres, était partout impuissante et stérile, il ne cessait d'annoncer et d'enseigner une politique nouvelle, conforme à l'état de développement des sentiments, des lumières et des intérêts humains.

. . . .

« Je rends grâce, disait-il (lettre à Thérèse, portée à Curson par le général Saint-Cyr, en avril 1829), aux hommes qui nous ont délivrés pour toujours des craintes que les espérances rétrogrades pourraient faire concevoir. Je sens toutefois que je m'exprime mal, en disant qu'ils nous ont délivrés *pour toujours*, et ces mots vont me servir à expliquer toute ma pensée.

» Le libéralisme, ou autrement dit le *protestantisme politique et religieux*, a détruit le régime théologique-féodal, mais ce n'est pas lui qui en rend le retour impossible. Il suffit d'en donner pour preuve les craintes qui l'agitent, quand il voit les priviléges nobiliaires et surtout le parti prêtre relever tant soit peu la tête. Il n'est pas certain de sa victoire, et il a raison, elle est loin d'être complète. Il ne les a pas tués à jamais, parce qu'il aurait fallu pour cela les remplacer par des moyens d'ordre nouveau, capables de faire cesser l'anarchie des esprits, la lutte à mort des intérêts matériels. Il fallait, en d'autres termes, substituer à l'ordre temporel *militaire*, un ordre temporel *pacifique*, et transformer le DIEU DES ARMÉES, pactisant avec la *force* et la *naissance*, en DIEU DU TRAVAIL, sanctifiant uniquement *l'amour de l'humanité* et *l'intelligence*. Alors, mais seulement alors, le passé sera tout à fait mort, le vieil homme aura complètement disparu. Jusqu'à ce moment, la société éprouvera un besoin si vif de direction pour ses sentiments et pour ses actes, qu'elle finirait par retourner à l'Église ou dans les antichambres des rois militaires (comme Napoléon), plutôt encore que de se gouverner elle-même comme l'entend le libéralisme.[1] »

1. Depuis trente-six ans que cela est écrit, le libéralisme a cru deux fois avoir mis la société en mesure de se gouverner elle-même en intronisant la souveraineté parlementaire, et ses deux essais, tentés alternativement sous la forme monarchique et sous la forme républicaine, n'ont fait que vérifier les prévisions d'Enfantin. Le passé, tant qu'il ne se sent pas remplacé, ne veut pas se tenir pour mort. On court après les titres de noblesse, on retourne à l'Église, les congrégations y affluent ainsi que les com-

Dans la suite de cette lettre, Enfantin, abordant la question des difficultés que présentent ces changements politiques, fait remarquer qu'elles ne sont pas aussi grandes qu'elles le paraissent. « Ce qui est difficile, dit-il, c'est de remplacer une mauvaise administration par une meilleure qu'il ne faille pas changer le lendemain. L'Assemblée constituante, la Convention, le Directoire, le Consulat temporaire, ensuite à vie, l'Empire, la première Restauration, les Cent-Jours, la deuxième Restauration, Decaze, Villèle, Martignac, bientôt peut-être Sébastiani ou *Polignac* [1], prouvent qu'un changement n'est pas une chose prodigieuse. La promptitude même avec laquelle ils se succèdent doit frapper les moins clairvoyants ; elle annonce une indécision, un manque de fixité dans les idées, qui permettent de comparer la société actuelle à un enfant capricieux qui brûle aujourd'hui la poupée qui l'amusait hier, pour jouer avec une poupée semblable le lendemain. L'important n'est donc pas de savoir quelle poupée on lui donnera,

munautés, le moine a reparu, et le denier de saint Pierre a repris faveur, tandis que la société européenne retourne dans les antichambres des rois militaires. Mais l'esprit de l'ordre nouveau a pénétré dans les entrailles du peuple et finira par gagner la tête des nations.

1. Trois mois après, M. de Polignac était premier ministre.

c'est de changer les goûts de l'enfant, et d'en faire un homme, c'est de lui donner la constance qui existe là seulement où se trouvent l'affection et la foi. »

Après vingt pages de philosophie historique et politique [1], dans lesquelles se trouve un examen approfondi du mode électoral le plus rationnel, Enfantin termine par demander à ses proches, et particulièrement au général Saint-Cyr, de lui pardonner quelques phrases qui auront pu paraître injustes et exagérées. « Qu'il me les reproche même, dit-il à la sœur du général, il me fera plaisir, et il peut être certain que je sens moi-

[1] On lit dans un des passages les plus remarquables de ces vingt pages :

« Lorsque de grandes souffrances me paraissent accabler ma patrie (et pour moi la patrie, c'est l'univers), dois-je rester calme ? Lorsque l'ennemi de l'homme est à nos portes (et l'ennemi de l'homme, c'est l'égoïsme), ne dois-je pas courir aux armes ? Un nouvel hymne *à la liberté* ne m'a pas plus trouvé insensible que Saint-Cyr ne l'a été en écoutant autrefois celui de Rouget (de l'Isle) ; que les premiers chrétiens surtout ne l'ont été lorsque les premiers apôtres célébrèrent la fraternité évangélique. Oui, c'est la liberté que nous réclamons, la liberté du génie encore en esclavage : ici, le privilége de la naissance le condamne à l'immobilité, à l'impuissance, ou à une chute d'autant plus grande qu'il pouvait s'élever davantage ; s'il est né pauvre, c'est pour l'ignorance fortunée, c'est pour le vice gorgé d'or, qu'il use ses forces ; s'il est né riche, l'oisiveté s'empare de lui pour le démoraliser......

« Dans une société où le talent n'est pas une condition suffisante de supériorité, le PAUVRE est toujours esclave et exploité comme tel par le RICHE. »

même combien il serait difficile que je me fusse tenu dans cette ligne d'impartialité que je voudrais garder. Le chrétien ne châtie pas avec aigreur, l'élève de Saint-Simon doit mettre encore plus d'onction dans ses paroles, les adressât-il au génie du mal en personne, car nous savons mieux que le chrétien quel don sublime Dieu a fait à l'homme, en lui permettant de faillir. »

Le général Saint-Cyr avait pour Enfantin une affection toute fraternelle; il ne songea point à lui faire des reproches sur les phrases plus ou moins vives de sa lettre. Enfant et disciple fidèle du XVIIIe siècle, intelligent et vaillant soldat de la révolution française, distingué dans les armes et dans les lettres, homme de cœur, d'esprit et de savoir, il exprima seulement la peine et l'étonnement que lui causait l'enthousiasme de son jeune ami pour des idées si différentes de celles qu'ils avaient longtemps professées avec l'apparence d'un accord parfait et inaltérable.

« J'ai lu ici, mon cher Prosper, écrivit-il à Enfantin, la lettre pour mes sœurs dont tu m'avais chargé à mon départ de Paris, ainsi que tes lettres précédentes qui, comme celle-là, m'étaient en partie destinées, ainsi qu'à Émile.

» Je ne saurais te dire si j'en ai été plus affligé que surpris. La surprise cependant est, je crois, le sentiment qui m'a dominé, car, à travers les regrets que j'éprouve, je retrouve ton cœur et ton ancienne amitié, dans plusieurs passages de tes dissertations...

» Je suis loin, très-loin de toutes tes opinions nouvelles... Je vois que nous sommes, que nous allons être distants de tout l'intervalle du ciel et de la terre, et, dans un tel éloignement, je crains bien que nous ne nous perdions de vue. Comment et pourquoi sommes-nous arrivés à une telle position respective? C'est ce que j'ai peine à m'expliquer. Je ne me doutais pas le moins du monde du dernier changement qui s'est opéré en toi... J'étais éloigné de soupçonner que les idées religieuses s'empareraient de ton esprit..... Je te connaissais mal, le calme n'était qu'apparent, l'enthousiasme était l'aliment le plus adapté à ton imagination, ou, si tu aimes mieux, à ton âme. Tu en es saisi, dévoré; tu te complais dans cette nouvelle existence, tu l'étends à l'avenir, à un avenir indéfini; tu es heureux, ou tu crois l'être. Je t'en félicite pour toi, si cela dure; je ne veux pas t'offenser en te disant que j'en doute. Mais, tu as à peine passé trente ans, et déjà, deux fois, je t'ai vu refondre presque à neuf ta vie et tout ton être.

» Les circonstances, plutôt que ton choix, à l'époque où ton éducation s'achevait, t'ont entraîné d'abord aux armées, et tu as cru, un moment, qu'il pouvait être beau de mourir, je ne dis pas pour telle ou telle cause, mais pour son pays. Ce temps a été court, tu t'es vu appelé à une existence plus paisible, dans les affaires, au sein de notre famille; tu as entrevu et désiré pour toi-même le bonheur domestique, en partageant avec moi, Émile et quelques amis, nos efforts, ou plutôt nos vœux pour un système de raison et de liberté en France. Bientôt, séparé de nous et de la patrie, contrarié dans tous tes projets et tes affections, tu as commencé à devenir cosmopolite, et l'économie politique est devenue ton idole. L'exagération, à laquelle tu me paraissais pousser les conséquences de la doctrine, ne me suffisait pas pour comprendre la transition de là *aux idées religieuses*. Ta maladie et la mort de ton frère ont dû agir puissamment sur toi, et te préparer à de plus grands changements encore; ce n'est point là le sujet de mon étonnement. Je ne veux rien blâmer de ce que tu as cru de bonne foi, j'ai vu quelquefois de ces exemples qu'on appelle *conver-*

sions. Sans les approuver en général, je les respecte, quand elles sont sincères.

» Mais, mon cher Prosper, je dois te dire toute ma pensée ; qu'il y a loin de tout cela à l'exaltation dont tu es possédé aujourd'hui ! Non-seulement tu crois ! mais tu veux faire croire! tu as une mission, tu es persuadé de ton apostolat, tu veux tout réformer sur la terre ! Dans ton ardeur, tu prétends changer la politique, refaire la morale, tu abjures toutes tes idées, tu méprises toutes les nôtres ! Tu veux substituer l'autorité à l'examen ! Constitution, liberté, patrie, sont devenues pour toi des chimères, des ennemis peut-être ; ou du moins tu les combats en ennemis de toi-même ! Tu veux mettre l'État dans l'Église, épurer le clergé, et constituer un corps maître absolu de la direction des hommes, des croyances et du pouvoir, et par-dessus tout, maître de s'élire et de se perpétuer lui-même.

» Tu dis : — Saint-Cyr peut-être ne comprendra pas ou n'approuvera pas mes idées. — C'est cela même. Je ne puis comprendre, et je me renferme humblement, avec Eugénie, dans le parti du silence. A ton âge, je trouve qu'il est déjà tard de se défaire, sous prétexte de se refaire ; au mien, ce serait une absurdité de prendre en haine ou en dédain ce que j'ai été, tout ce que j'ai fait, dit ou pensé, et ma raison y répugue autant que ma conscience ou mon amour-propre, comme tu voudras l'appeler. Ma prétention dans ce monde se borne à ne pas faire de mal. Placé dans une position un peu plus élevée, j'aurais eu l'ambition de faire quelque bien, le bien à ma portée. Toi, tu aspires à faire le bonheur du genre humain dans la durée des siècles ; si par là, tu peux faire le tien, je n'ai rien à te dire, si ce n'est, en finissant :

« *Vale et me ama.* »

Cette lettre avait été prévue et désirée par Enfantin; aucun contradicteur, parmi les champions du criticisme philosophique et libéral, ne pouvait mieux que le général Saint-Cyr résumer avec précision, avec bienveillance, et en toute liberté, les considérations et les objections d'ordre privé et d'ordre général que l'apôtre de la nouvelle doctrine devait être impatient d'avoir à réfuter, chez quelqu'un dont il eût la personne en grande affection et la bonne foi et l'intelligence en haute estime. Le général reçut bientôt la réponse suivante :

« Mon cher Saint-Cyr, je ne viens point discuter, sois sans crainte ; je viens renforcer l'opinion ou plutôt le sentiment que t'ont fait éprouver mes lettres à Thérèse. Tu *crois* que tu as été plus surpris qu'affligé, je désire que cette *croyance* devienne une certitude, et c'est pour cela que je t'écris. Tu as retrouvé, me dis-tu, mon cœur et mon ancienne amitié, mais tu crains que nous ne soyons bientôt éloignés de tout l'intervalle qui sépare le ciel de la terre, et qu'à une telle distance nous ne nous perdions de vue. J'en appelle à Thérèse et à toi, mon cher Saint-Cyr, dites-moi si mes lettres d'aujourd'hui peuvent vous faire *croire* que je vous aime moins, que je vous perde plus de vue qu'autrefois? Tu as retrouvé mon cœur et mon amitié, ne les as-tu pas retrouvés plus chauds que jamais? Cet enthousiasme que tu me reproches et qui en est l'aliment, dont je suis saisi et qui me dévore, dis-tu, qui me donne une nouvelle existence, décolore-t-il, à mes yeux, ce que j'ai toujours aimé en vous? Tu le dis toi-même, quand je voulais ceindre l'épée, c'était le bien de la France que j'aimais, et crois-tu qu'il me soit moins cher aujourd'hui? Quand mon affection vous a été acquise, c'était l'amour que vous aviez pour tout ce que vous regardiez comme bon et généreux que j'aimais en vous; cette vertu n'a pas perdu pour moi la plus petite partie de son prix. Si j'avais eu le malheur d'aimer des égoïstes, des hommes qui se servent des idées de ceux qui les entourent pour les tromper et profiter de leurs erreurs, je remercierais l'événement heureux qui me séparerait de tels amis, qui me porterait au ciel en les laissant sur la terre ; mais si, au contraire, j'ai aimé des êtres qui n'ont d'autre ambition que de voir, de rendre heureux ceux qui les entourent, quand bien même je croirais qu'ils se trompent sur les *moyens* de réaliser leurs pures intentions, je les aimerais toujours, je les aimerais d'autant plus que j'aurais divinisé cette adorable faculté. Et alors ce ne serait ni avec dédain, ni avec haine, comme tu pourrais le croire, que j'envisagerais *ces moyens* pour moi impuissants aujourd'hui ou inutiles. Si, plus âgé de quelques années, j'avais contribué à répandre dans l'Europe entière, à la suite de Napoléon, les idées destructrices, émancipatrices de notre révolution, loin d'en rougir, je m'en glorifierais comme je m'applaudis d'avoir senti mon cœur battre aux succès de nos armées, comme je me félicite de n'avoir pas été un des moins chauds défenseurs de Paris en 1814. Loin de nous les hommes qui ont vu froidement, sans y prendre part, sans une forte sympathie, les prodigieux efforts faits par la France pour affranchir et la France et l'Europe du joug du passé. Pour t'en donner une preuve irrécusable, songe donc, mon cher Saint-Cyr, que plusieurs des principaux membres de la famille saint-simonienne, à la tête de la jeunesse mécontente de 1820 et 1821, ont approché sans crainte des marches de l'échafaud, et ils n'en rougissent pas ; ils savent, que pour sympathiser aujourd'hui avec Saint-Simon, les hommes de trente à quarante ans doivent avoir sympathisé avec Foy, Manuel et Lafayette, et les hommes de cinquante à soixante, avec Mirabeau, Saint-Just, et je dirais presque avec Robespierre. Tu as lu l'ouvrage de Laurent sur Montgaillard, où as-tu vu que cette grande œuvre de la révolution fut traînée par lui dans la boue? Où as-tu vu du dédain et de la haine, si ce n'est pour ce qui méritera toujours de pareils sentiments : l'égoïsme et la lâcheté? heureux celui qui peut rougir de son passé, si, jeune, il a été égoïste; plus heureux mille fois celui qui peut se dire : mon cœur a toujours battu pour tout ce qu'il croyait utile à l'humanité. Non, je n'abjure pas mes idées, je ne méprise pas les vôtres. Mon amour-propre, ma conscience, ne sont pas blessés de ce que j'ai dit et fait avant d'être dans la doctrine, parceque je ne saurais maudire les études et les sentiments par lesquels je devais nécessairement passer pour arriver où je suis; et, je le répète, je rougirais, si je n'avais pas été, en 1814 et en 1820 ce que j'ai été; comme tu pourrais rougir si, depuis le moment où l'université te couronnait, tu n'avais pas employé, comme tu l'as fait, l'éducation qu'elle t'a donnée.

» Tu le sais, l'intervalle du ciel à la terre ne saurait me faire perdre de vue ceux qui aiment le ciel, croyant n'aimer que la terre, ceux qui ont toujours été prêts à sacrifier leur vie sur la *terre*, quand bien même ils se cacheraient à eux-mêmes leurs sentiments *religieux*, quand bien même ils couvriraient le nom de Dieu. pour ne pas le voir, des mots : honneur, devoir, vertu, gloire ou philosophie.

» Sois donc surpris et non affligé de mes lettres, mon cher Saint-Cyr ; affermis-toi dans cette disposition qui n'est encore qu'un doute chez toi, ne crains pas ce que tu appelles mobilité ou facilité, ma facilité à refondre ma vie et mes idées; je ne remettrai jamais au creuset cette faculté d'enthousiasme que tu critiques et qui a établi le lien qui m'unit à vous, comme elle me fait chérir la doctrine. Ne crains pas non plus que je cherche à discuter avec toi, tel n'a pas été encore mon but en t'engageant à lire les lettres à Thérèse ; je voulais que tu connusses toute ma pensée, non pour la défendre contre tes attaques, mais pour que tu n'attendisses de moi que ce que je pourrais donner dans les discussions politiques où tu me verrais garder le silence, comme cela m'est souvent arrivé à Paris chez toi lorsque tu avais du monde. Je ne vois pas dans ce silence une preuve d'éloignement, d'hostilité, d'inimitié ; je ne blâme pas dans les autres ce que j'aurais dit il y a quatre ou cinq ans, je ne le dis plus, voilà tout, parceque je crois qu'il est bon de dire maintenant autre chose. Si je pouvais me montrer ennemi de quelques-unes des idées qui circulent aujourd'hui, ce serait toujours, sois-en sûr, de celles que j'ai combattues autrefois avec toi : le régime du bon plaisir, d'un pouvoir *brutal* et *ignorant*, d'un pouvoir envahi par la *richesse* et par la *naissance*. Quand je critique le libéralisme, c'est qu'il me paraît de nature à remplacer la brutalité et l'ignorance par le charlatanisme et l'aveuglement ; et qu'il conserve encore, dans l'élection, le pas à la richesse, et dans les autres pouvoirs, le pas à l'hérédité et à la naissance.

» J'espère te revoir bientôt ici, et je crois, qu'après cette explication, nous causerons plus à l'aise de Curson, de tes sœurs, de toi et de moi-même. Adieu, les bras de l'homme, qui est du ciel, t'embrassent aussi facilement à Curson qu'ils t'embrassent à Paris. Ils s'allongent autant que le cœur le leur commande ; ils iraient te chercher jusqu'aux antipodes, car ils t'ont toujours trouvé prêt à te laisser serrer par eux. »

Parmi les idées qu'Enfantin et le général Saint-Cyr avaient autrefois combattues ensemble, celle du régime du bon plaisir, condamnée par la majorité du parlement, reprenait de plus en plus faveur à la cour.

Le trône des Bourbons était occupé, depuis la fin de 1824, par le comte d'Artois, qui avait pris le nom de Charles X, après avoir rempli, sans risques ni périls, au temps de Saint-Simon, les fonctions commodes de *Monsieur*, frère du roi, et qui éprouvait de sérieux embarras dans le rôle moins facile de *monarque constitutionnel*, pour lequel il avait manifesté toute sa vie la plus vive répugnance.

Dans les premiers jours d'août 1829, ce prince voulut avoir un premier ministre qui fût tout à fait selon son cœur, et il livra les rênes de l'État à M. de Polignac, également cher à la réaction féodale et au parti-prêtre.

A cette époque, l'école saint-simonienne, appliquée à l'exposition publique de sa doctrine et travaillée déjà par quelques dissidences intérieures, ne semblait pas prête encore à faire cesser l'ajournement prolongé de la reprise du PRODUCTEUR. Sur ces entrefaites, un membre du collége, Laurent, reçut de l'un de ses amis [1] la proposition de fonder une feuille hebdomadaire en commun, pour la consacrer à l'examen et à la propagation des méthodes d'enseignement nouvellement découvertes.

Laurent accepta cette offre, sous la condition de réserver six colonnes sur huit aux matières philosophiques, et de caractériser le but principal de la publication projetée, par ce titre : l'ORGANISATEUR, *journal des progrès de la science générale.*

Cette double condition ayant été agréée, le journal parut le 15 août 1829 [2], six jours après l'avénement du ministère réactionnaire de M. de Polignac. Les colères et les alarmes étaient aussi vives, dans le parti constitutionnel, que la joie et l'ivresse étaient menaçantes dans le parti clérical et nobi-

1. M. Victor Augier, avocat à la cour de cassation, gendre de Pigault-Lebrun et père de M. Emile Augier.

2. « C'est Laurent qui a commencé contre vents et marée, sans collaborateurs même, *l'Organisateur.* Fatigué des lenteurs que nous mettions à reprendre *le Producteur*, malgré la souscription faite en 1828, pressé de publier, d'écrire, tandis que la plupart d'entre-nous discutaient et parlaient, il commença. »

(*Extrait d'une note écrite par Enfantin, à Ste-Pélagie, le 5 janvier* 1833).

liaire. *L'Organisateur*, en présence de l'émotion générale produite par ce mouvement en arrière, se montra parfaitement rassuré sur ses conséquences, dans un article dont nous croyons devoir citer quelques lignes, en témoignage de la foi que l'école saint-simonienne professait hardiment dès lors pour la doctrine du progrès, en face de l'esprit rétrograde devenu maître du gouvernement de la France :

..... « Quand un système organique, disait-il, après avoir été l'expression des besoins d'une époque, a cessé de représenter les idées et les intérêts généraux qui se sont manifestés depuis par suite même de son influence temporairement civilisatrice, il est inévitable qu'il laisse, en tombant, des traces profondes dans les classes qu'il favorisait, et que, du sein de ces classes, sortent des cris de malédiction contre la réforme, et des efforts pour la ployer au joug du passé. C'est par ces efforts que s'annonce l'esprit rétrograde, ou, comme l'appelle M. Ballanche, le génie du retardement. Dans quelques circonstances, ce génie eut pour auxiliaires le talent, la vertu, l'héroïsme; à Rome, il suscita Caton, Cicéron, Brutus, et tant d'autres citoyens illustres, pour défendre une aristocratie orgueilleuse dont les destins étaient finis, et qui, teinte du sang des Gracques, s'opposait opiniâtrément à l'évolution plébéienne, que César, quelque part que l'on fasse à son ambition, venait aider par l'établissement même de l'empire [1]. Malgré tout l'appui qu'il pouvait tirer de son alliance avec ces grandes renommées, malgré la défaveur dont l'avénement d'un dictateur perpétuel devait être environné dans une république, le génie du retardement succomba; et l'esprit patricien ne put pas même se relever de sa chute, en opposant des Chéreas et des Lucain à des Caligula et à des Néron. Plus tard, un prince magnanime qui avait su réunir en lui la gloire des armes et celle des lettres, Julien conçut le bizarre dessein d'étouffer le christianisme et de rendre son antique splendeur au culte des faux dieux; mais l'humanité avait déjà senti les bienfaits de la loi de grâce sous l'empire de laquelle son affranchissement graduel devait s'accomplir : elle refusa de retourner aux autels des divinités qui avaient prescrit les immolations et sanctionné l'esclavage; et le grand homme, qui avait renié la raison supérieure dont il était doué pour reporter violemment le genre humain aux

1. Ce passage reproduisait une idée qui avait été développée dans le *Producteur* (Article sur les *Préjugés historiques*).

temps homériques, mourut sous le poids du sentiment de son impuissance en s'écriant : « Nazaréen, tu as vaincu! »

» Dans les temps modernes, l'histoire nous montre une foule d'exemples non moins frappants de la vanité toujours croissante des efforts rétrogrades. A chaque révolution, des fantômes surgissent sur la poussière des dogmes détruits; et, après de folles menaces dont la réalisation leur est interdite, et qui ne servent qu'à troubler passagèrement les esprits, ils vont s'abîmer irrévocablement dans l'océan du passé. »

Cette confiance, exprimée par *l'Organisateur*, ne devait pas rester un an sans être pleinement justifiée par les événements, sans que la destinée des Bourbons ne fût complétement assimilée à celle des Stuarts, selon les prévisions de Saint-Simon.

Enfantin et Bazard n'étaient pas intervenus directement dans la fondation du journal, mais ils avaient été consultés l'un et l'autre, et ils avaient donné leur adhésion, non-seulement à l'entreprise, mais à la rédaction des principaux articles insérés dans les premiers numéros [1]. Au bout de quelques

1. Une lettre d'Olinde Rodrigue du 4 septembre 1829, rappelle à Enfantin que le premier numéro fut même lu en comité, chez Bazard.

mois, *l'Organisateur* devint la propriété exclusive et l'organe de l'école.

Mais revenons à l'attitude, au langage, aux œuvres d'Enfantin, en août 1829.

Dès les premiers jours de ce mois il avait écrit à Duveyrier une longue, très-longue lettre, qu'il commençait ainsi :

« Mon cher Charles, mon cher fils en Saint-Simon, mon cher frère en Dieu, je vais, selon toute apparence, partir dans une dizaine de jours, pour visiter quelques-unes des chambres de garantie de la caisse. Avant de quitter Paris je veux vous écrire. Vous pensez bien que je ne fais pas ce voyage sans but de doctrine, aussi vous dirai-je que je passerai à Lyon, que j'irai voir Thérèse (vous la connaissez), et enfin que j'embrasserai notre frère Rességuier, qui soupire, je crois, autant après moi que moi après lui. Je ne sais quand vous serez de retour à Paris, mais si vous ne revenez qu'après mon départ, envoyez-moi de suite les dernières lettres de Thérèse. N'avez-vous pas aussi quelques morceaux qui ont été lus, rue Taranne, l'un sur le développement historique (rédigé par moi sur des notes de Rodrigue), l'autre sur les savants et sur leur méthode (encore par moi)? Je ne vous parlerai pas ici de mon voyage, quant à la caisse, vous en causerez plus tard avec Rodrigue. J'ai autre chose de plus important à vous dire pour nous.

« J'ai lu votre lettre à Eugène, l'affection que vous lui témoignez m'a fait le plus grand plaisir ; il en est bien digne; et, en disant cela, je crois dire beaucoup, parce qu'il faut, pour un cœur comme le vôtre, des perles, des diamants ; vous êtes tombé sur la mine, mon cher ami, et vous êtes réellement sauvé, puisque, dans le siècle où nous sommes, à votre âge, si vous n'aviez pas rencontré la doctrine sur la route, vous vous seriez peu à peu glacé au degré de l'atmosphère critique qui nous enveloppe. »

Eugène Rodrigue, au milieu de ses travaux philosophiques, était sous l'empire d'une passion particulière. Une jeune personne, dont il poursuivait et espérait la conversion, lui avait inspiré un ardent amour, et il mettait son bonheur à l'obtenir pour épouse. Duveyrier, dans une lettre communiquée à Enfantin par Eugène, avait flatté et encouragé cette passion, de manière à la rendre à peu près exclusive jusqu'à son plein succès. Ce fut cet encouragement qu'Enfantin se crut obligé de combattre, et qui lui donna lieu de soulever et de discuter plusieurs questions capitales, telles que celles de la vie éternelle, de Dieu androgyne et des femmes [1].

« Eugène, disait-il à Duveyrier, avant d'avoir une sœur à sauver en a des milliers qui gémissent et qui attendent quelque chose de lui..... » Et, après avoir amplement développé cette pensée et abordé les hautes questions qui s'y rattachaient, il résumait en ces termes l'action à exercer sur le frère éperdûment amoureux.

« Loin de lui dire, comme vous, *marchez*, quittez *tout* pour une seule chose, individualisez-vous, nous le prierons de se rapprocher plus que jamais de ses frères, de prendre du temps pour acquérir lui-même des preuves plus certaines de *l'utilité* de l'union qu'il *désire*, de *vérifier* avec calme

1. Enfantin a laissé une note qui indique l'importance qu'il attachait à cette lettre, à la réponse de Duveyrier, et à quatre autres de lui, d'Eugène et de Buchez, en septembre et dans les premiers jours d'octobre.

« Ces lettres, dit-il, sont très-curieuses parce qu'elles indiquent le progrès du sentiment *femme* au milieu de nous, et qu'elles soulèvent plusieurs questions capitales, particulièrement celle de la vie éternelle et celle de Dieu androgyne...

» Les conseils relatifs à la conduite privée d'Eugène et à l'influence que Duveyrier devait chercher à exercer légitimement sur lui, sont de bons renseignements sur la moralité de notre petite famille naissante. » (*Sainte-Pélagie, 4 janvier* 1833).

les *inspirations* de ses sympathies, de considérer, plus qu'il ne l'a fait, du haut de la chaire, une personne qu'il n'a vue, pour ainsi dire, qu'à travers la grille du *confessionnal* : loin de jeter de l'huile sur la flamme qui l'échauffe et pourrait le consumer, nous appellerons sur elle les rosées de la doctrine, nous lui ferons sentir qu'à son âge, quelques années encore d'espérances ne seraient pas réellement perdues, qu'il pourra même, selon toute apparence, les employer par des voies indirectes à continuer l'initiation de H..., à s'assurer de sa persévérance et de ses progrès, à confirmer l'espoir brillant qu'il a fondé sur elle ; mais nous lui dirons surtout de ne jamais perdre de vue, quel que soit le dénouement de ce projet, que le pontife ne demande à la sibylle que la révélation des destinées sociales ; nous ajouterons même qu'il ne mérite pas le nom de prêtre, si, au moment même où le son divin vient de frapper son oreille et de pénétrer jusqu'à son cœur, il ne s'élance pas pour ouvrir les portes du temple aux fidèles, s'il s'oublie à genoux devant le trépied sacré, au lieu de se relever de suite avec enthousiasme pour entamer l'hymne dont une voix prophétique vient de moduler les accords.

« En voilà, je crois, assez, mon ami, pour vous

et pour notre cher Eugène, j'espère que l'un et l'autre vous m'aimerez encore mieux après avoir lu cette lettre. C'est comme cela que je saurai si j'ai parlé au nom de Dieu; mon fils, votre frère vous embrasse. »

Avant de partir pour le Midi, et le jour même de la publication de *l'Organisateur*, le 15 août, Enfantin avait écrit à un de ses anciens condisciples, Picard, d'Avignon, alors à Saint-Pétersbourg, une lettre qui renfermait une argumentation assez étendue contre la dernière œuvre d'Auguste Comte [1], et dont nous croyons utile de

1. Voici le début un peu vif de cette argumentation : « A force de vouloir abstraire la *science* des autres manières d'être de l'homme, Comte a fait du savant un automate calculateur, et de l'homme un mécanisme sans vie, sans passions, sans AMOUR, par conséquent sans croyances. Tout en disant lui-même que le savant est incapable de donner aux artistes la forme populaire, c'est-à-dire la forme *passionnée*, tout en reconnaissant que ces vérités, transmises *suivant lui* aux artistes par les savants, seraient revêtues par les premiers d'un charme que la science n'a pas à sa disposition ; enfin, tout en déclarant que l'imagination, alors libre et sans entraves, le plongeait dans un champ que la science ne saurait mesurer, il a oublié que son savant était un être de raison, un produit de son imagination abstrayante. Il n'a pas vu qu'il faisait lui-même de l'ontologie, de la métaphysique, en raisonnant sur un être qui n'existe pas, en appelant *homme* ce qui n'est qu'une *machine*. Le savant est un individu qui SENT, *raisonne*, et *agit*, quoiqu'il raisonne plus qu'il ne se passionne, et plus qu'il ne modifie directement la matière ; il ne raisonne même que parce qu'il part de principes sentis, impérieux, ou, si l'on aime mieux, antérieurs par rap-

reproduire le premier paragraphe, à cause des détails qu'il contient sur quelques Français qui s'occupaient de la doctrine de Saint-Simon en Russie :

« Je pars dans quelques jours pour le Midi, mon cher Picard, mais malgré les embarras des préparatifs de ce voyage, je veux répondre à votre bonne lettre et vous donner de mes nouvelles. Je suis charmé d'apprendre par vous que Clapeyron et Lamé [1] n'ont pas cessé de couver les étincelles saint-simoniennes dont nous avons essayé de les pénétrer, et je compte beaucoup sur vous, quoique vous en disiez, pour exciter l'incendie ; je compte aussi sur Allier [2], mais peut-être sous un autre rapport, c'est-à-dire, parceque ne redoutant pas que ses attaques contre les parties de la doctrine de

port à tout travail rationnel; et, malgré tous ses efforts, Comte, dans son ouvrage, a donné l'exemple le plus frappant de cette subordination de la *science* à l'égard des RÉVÉLATIONS du génie; car, il le dit lui-même (page 7), ce sont quelques-unes des *idées mères* de Saint-Simon qu'il se proposait de développer, en montrant qu'il était possible d'employer, pour en vérifier la justesse, la méthode dont la science s'est toujours servie pour vérifier les *prévisions du génie*. »

1. Ces deux ingénieurs ont pris depuis un rang distingué dans le monde savant.

2. Allier était un ami de Cerclet, et avait pris une part assez active à la rédaction du *Producteur* hebdomadaire.

Saint-Simon, qu'il n'a pas étudiées, puissent avoir de l'influence sur Lamé et Clapeyron, je suis certain que la discussion servira à déterminer plus complétement la conversion de ces deux amis, et peut-être aussi celle d'Allier lui-même, ce que j'espère. Vous avez fait assez d'applications de la méthode historique aux questions que l'École a résolues depuis le sommeil du *Producteur*, pour donner, sinon des solutions, du moins une direction salutaire à toutes les recherches de nos amis ; là où vous vous êtes arrêté, à trois vous pourrez continuer la route ; que Lamé fasse comme à l'ordinaire, qu'il *vérifie* ou redresse par le *calcul* les *prévisions* de Clapeyron, et vous, soyez entre eux deux pour entretenir le mouvement alternatif de l'*analyse* et de la *synthèse* : avec une pareille trinité vous pourrez aller loin ; l'école sera réellement représentée à Saint-Pétersbourg. »

Ainsi qu'il l'annonçait à Picard, à la fin de cette lettre, Enfantin quitta Paris le lendemain pour aller dans le Midi, en passant par le Dauphiné. Son absence prouva qu'il était plus que jamais *le lien de la doctrine*, selon l'expression de Buchez [1]

A Lyon, il éprouva le désir d'écrire à Eugène

1. Lettre d'octobre 1827.

Rodrigue sur la lettre que celui-ci venait d'adresser à Duveyrier, et dans laquelle les questions socialement et religieusement capitales étaient débattues.

« J'ai à vous parler longuement, dit Enfantin à Eugène, de votre lettre à Duveyrier.

» D'abord, je crois qu'il faut mettre plus de calcul que vous n'en mettez en déployant de vieilles formules... Nous ne saurions trop nous garder de prêter le flanc aux individus disposés, en général, à nous prendre pour des Juifs ou des chrétiens. » Venait ensuite un enseignement remarquable sur le rôle du prêtre et de la prêtresse dans l'avenir, pour en tirer des conclusions applicables à la position d'Eugène. La lettre sera publiée intégralement dans la correspondance d'Enfantin.

A peine arrivé à Romans, Enfantin y reçut, d'Olinde et d'Eugène Rodrigue, des lettres qui attestaient combien sa présence aurait été nécessaire, pour atténuer l'influence des personnalités dévoyées par l'amour-propre, arrêter le progrès des dissidences, et faire marcher tout le monde, les tièdes comme les ardents, vers le but commun.

Rodrigue l'aîné, signalant particulièrement l'opportunité de dissoudre les réunions du mercredi et de les réformer en les épurant, disait : « Dans nos dernières conférences (nous nous voyons, les membres du collége [1], les lundi et vendredi de chaque semaine), la proposition de dissoudre les mercredis, faite par Margerin, a été fortement appuyée, pour les recomposer d'éléments plus actifs. »

Mais à mesure que la mollesse et le refroidissement se faisaient remarquer chez quelques-uns des adeptes primitifs, tels que Boulland et un ou deux de ses amis, plus particulièrement liés avec Buchez, des conversions nouvelles venaient amplement dédommager la famille saint-simonienne. Olinde Rodrigue apprenait à Enfantin que Duveyrier venait d'adresser un travail excellent à Eugène (une lettre de vingt-six pages très-fines, à madame de Roissy). « Charles, ajoutait-il, nous a tout à fait manqué pendant votre absence pour nous aider à échauffer par son exemple la glace des *mercredis* (jours de réunion des disciples non admis encore au collége)... J'aurais dû vous parler d'abord de la proclamation de Margerin et d'Eugène (comme

1. Le collége s'était trouvé réduit à cinq membres par la retraite de Rouen en 1828. Il venait de s'accroître par l'admission de Margerin et d'Eugène Rodrigue ; mais en ce moment, ses deux membres principaux, Enfantin et Bazard, étaient loin de Paris. Bazard faisait de la propagande en Bretagne.

membres du collége); Buchez s'en est fort bien tiré, beaucoup mieux que de nos discussions du lundi; Margerin prétend qu'à moins d'une entière conversion, Buchez est plutôt un obstacle... Voici où nous en sommes : il a trouvé votre travail sur la femme fort beau, mais au lieu de le méditer, ayant voulu en discuter immédiatement l'idée principale, il s'est jeté en travers, et, depuis deux séances, nous n'avançons pas. Je compte passer avec lui une matinée et le confesser entièrement, car Margerin prétend que notre dernière déclaration chez Bazard est restée stérile. Il y a mieux, Margerin dit savoir de Buchez lui-même qu'il regarde encore comme excellent son travail condamné par nous sur la théorie et la pratique, etc. Il en est de même de la question de Dieu, *amour, intelligence et matière*, etc., etc. Il n'avance pas, et répète impitoyablement les mêmes objections. J'en suis désolé, car vous savez que je prise beaucoup la chaleur de notre frère. »

Dans un post-scriptum, Olinde faisait espérer à Enfantin qu'il lui annoncerait, dans sa prochaine lettre, les résultats auxquels on serait parvenu pour la dissolution et la recomposition dont il l'avait entretenu. Voici un extrait de la réponse d'Enfantin :

Romans, 11 septembre 1829.

« . . . Il faut faire inévitablement des exemples : il y a déjà trop de gens qui sont au milieu de nous, et qui ont acquis tout ce qu'ils pourront jamais prendre de doctrine, c'est-à-dire, quelques formules sèches de la science sociale, et surtout la satisfaction égoïste de croire pouvoir traiter de haut en bas tous les libéraux et les ultras, quoiqu'il n'y en ait pas un qui ne fût culbuté dans les marais par Benjamin Constant, Guizot, Lamennais, et peut-être même par M. Madrolle.

» Il faut faire des exemples, dussions-nous rester douze ou quinze seulement ; ceux qui seront exclus rendront autant de services dehors que dedans. Que si quelques-uns se dégoûtent pour cela de la doctrine, ils ne valent pas un regret.

» Mais l'un des premiers de tous les exemples (si des exclusions sont nécessaires), c'est la rentrée au bercail de la brebis égarée... J'aime mieux R... que tout notre petit mercredi, distraction faite de Sarchi, Charles et Péreire...

» Je ferai mon possible pour avoir le temps d'écrire à Alisse (Jules), et peut-être ferai-je quelque chose à l'adresse de tous ceux que vous jugerez dignes d'être choisis pour le petit mercredi.

» Maintenant, arrivons à nous-mêmes. Il faut décidément en finir, et je suis d'avis qu'on se hâte de couler à fond les deux grandes questions : *Dieu-matière* et *la femme*. Pour cela, je désire que l'on discute deux à deux, Buchez avec vous, et Laurent avec votre frère (Margerin passant alternativement de Buchez à Laurent), le travail d'Eugène et la lettre à Rességuier, et ma lettre à Charles, en y joignant ma dernière lettre à Eugène. Dans ma dernière qu'on s'occupe principalement de ce qui a rapport *à la vie future*, car, décidément, plus je réfléchis, plus je trouve qu'Eugène reste dans les formes catholiques, quoique le fonds soit toujours du plus pur sentiment. Ainsi, dans sa dernière lettre à Rességuier, il parle des idées de *création* et de *mort* (ou anéantissement) comme de deux *inconnues* supérieures à l'intelligence humaine, d'où il résulte qu'elles doivent rester obscures, vagues, quoique non contestables, et que c'est leur obscurité, leur vague, qui en fait le charme ; ce que j'adopte parfaitement. Et puis, dans la lettre à Charles, il parle des *anges* et des jouissances qu'ils éprouvent avec un langage purement catholique ; au reste, ma lettre ne suffit pas pour les explications. Ce qu'il y a de certain, c'est que nous devons non-seulement rectifier la vue des catholiques sur la vie future, mais y ajouter quelque chose d'important.

» Voyez le problème avec attention, je sais bien que ce sont les dernières choses dont il faudra parler; mais cependant, avant peu, nous serons poussés sur ce terrain, si j'en juge par les questions qui me sont adressées de droite et de gauche, par les personnes qui *aiment* la doctrine et qui ne l'étudient pas scientifiquement. Ces trois questions me paraissent d'une urgence considérable. Mais si nous voulons arriver à quelque chose là dessus, comme sur toute question de doctrine, il faut, de toute nécessité, que nous nous persuadions qu'il n'y a que la doctrine entre nous, et non de malheureuses personnalités qui nous embarrassent. Vous, mon cher Olinde, vous êtes l'homme avec lequel il est le plus difficile de discuter quand on a de l'amour-propre; et comme tout le monde en a peu ou prou, vous devez (et vous l'avez déjà fait en partie) mettre une sourdine de *modestie*, d'humilité, dans nos soirées; mais si je vous recommande cela, je me mets aux pieds de Margerin, d'une part, et de Buchez, de l'autre. Je prie l'un de casser moins de tabatières, à l'autre de tourner quatre fois sa langue quand il peut supposer que sa personnalité pourrait être compromise. Je sais que vous pourrez tous dire que la critique est aisée, et que parfois, sans avoir l'air d'y toucher, le frère Enfantin est un peu têtu. Soyez sûr que je fais mon possible pour rabattre le caquet à cette mauvaise disposition, et que j'espère bien pouvoir, à mon retour, discuter comme un véritable enfant de Saint-Simon.

» Nous voulons réformer ou perfectionner le petit mercredi: perfectionnons-nous nous-mêmes, et nous avons tant à faire pour cela que nous trouverons probablement avantage à passer ces deux mois à nous en occuper presque exclusivement.

» Nous devons nous attendre à trouver des gens qui se dégoûteront dans les épreuves auxquelles condamne la doctrine. Je ne dis pas cela pour les membres du sacré collége, mais pour les autres; or, pour que les épreuves les dégoûtent, il faut bien qu'elles soient un peu dures, et je ne vois pas que celles que nous faisons subir jusqu'à présent soient bien lourdes à supporter. Il n'est pas nécessaire d'être un *ange*, c'est-à-dire un homme de l'avenir, pour venir passer un jour par semaine à entendre parler pendant deux heures de doctrine, le plus petit curieux s'y soumettrait. Allez donc vite aux épreuves, mais n'oubliez pas que si le petit mercredi doit y être soumis, le sacré collége doit s'en donner quelques-unes, et que la nature de celles-ci doit être surtout d'écraser la personnalité. Soyons tranquilles, elle est assez forte dans chacun de nous pour que les efforts que nous ferons pour la maîtriser, ne nous donnent pas le sentiment de l'humilité. »

Cette lettre se croisa avec une autre d'Eugène Rodrigue, écrite le même jour, 11 septembre, et dans laquelle il confirmait tout ce que son frère avait mandé le 4, à Enfantin, sur la situation de l'école. « Un sommeil léthargique, disait-il, s'étend sur nos paupières, et moi, faute de meilleures choses à vous dire, je ne fais que crier : « Tenons-nous éveillés, afin qu'à leur retour nos frères absents puissent trouver que notre temps a été bien employé.

« Je reçois à l'instant, ajoutait Eugène, une lettre d'Émile Picard, d'Avignon. Elle est chaude, beaucoup plus que je ne m'y attendais. Il m'apprend que le bruit de votre voyage est venu à ses oreilles, qu'il désirerait bien vous voir à Avignon, mais surtout qu'il serait charmé de pouvoir vous mettre en rapport avec M. Floret[1], de Carpentras, qui est

1. M. Floret, condisciple et ami de M. Thiers, était en effet un homme d'un rare mérite, et qui ne devait qu'à l'élévation de son esprit et de son caractère l'estime et l'influence dont il

bien disposé pour la doctrine, et qui serait très-digne, ajoute-t-il, de recevoir l'initiation. »

Mais les affaires de la caisse hypothécaire ne permirent pas à Enfantin de visiter Vaucluse, et l'obligèrent de se rendre directement dans le Languedoc dont il avait plusieurs départements à parcourir. Il était impatient, d'ailleurs, de se rencontrer avec Rességuier, à qui rendez-vous avait été donné, pour le 16 septembre, à Carcassonne. Il voulut être exact, Rességuier le fut aussi. De là, Enfantin partit pour Foix, d'où il écrivit à Paris, à Eugène, les premiers détails de sa tournée apostolique.

« Cher Frère, je commence ici la relation de ma mission dans l'évêché de notre frère Rességuier. J'ai tant de choses à vous dire, j'en aurai, sans doute, tant encore à noter lorsque je serai allé à Sorèze, que je dois profiter du moment où je suis seul pour m'entretenir avec vous. J'avais donné rendez-vous à Rességuier, pour le 16, à Carcassonne, mais je m'arrangeai pour avoir une demi-journée d'avance, pour l'employer à ma correspondance avec la caisse. Les 16, 17 et 18 nous les

jouissait dans son pays. Il remplit plus tard avec distinction, sous le gouvernement de juillet, les fonctions de préfet à Toulouse.

passâmes ensemble, et partîmes le soir du dernier jour pour Castelnaudary, où je restai le 19. Le 20, je l'ai employé à mon voyage ici; je retourne demain à Castelnaudary coucher chez Encely; le 22, nous irons dîner à Sorèze où je resterai jusqu'au 26 ou 27. Tel est mon itinéraire.

» Gloire à Dieu, gloire à Saint-Simon, gloire à nous, gloire à nos chers frères du Midi ! Je n'ai pas encore vu tout ceux de ce diocèse, et déjà, cependant, je suis plein de joie : nous avons semé en bonne terre, la récolte est superbe. »

Enfantin nommait et caractérisait ensuite la plupart de ces frères : « Mais, ajoutait-il, sans entrer pour le moment dans de plus grands détails sur chacun d'eux en particulier, vous figurez-vous le bonheur que j'ai éprouvé quand j'ai vu, à plus de cent lieues de nous, des hommes qui savent, pour ainsi dire mieux que nous, ce que nous avons écrit, qui connaissent *le Producteur*, Comte, *le Nouveau Christianisme*, *l'Organisateur* de Saint-Simon sur le bout du doigt, qui citent par cœur une foule de passages, comme nos littérateurs citent Horace et Virgile, qui, sans consulter des tables de matières, tombent juste sur le volume et l'article qu'ils veulent trouver dans les quatre volumes du *Produc-*

teur; qui ont eu la patience de copier eux-mêmes les articles importants du premier volume, toutes nos correspondances, tous les résumés qu'on leur a envoyés. »

Après avoir parlé de ce qu'il appelait son entrée triomphale à Castelnaudary, qui lui avait été aussi sensible, disait-il, que celle de Lyon avait pu l'être au général Lafayette, quoiqu'il n'y eût pas quatre-vingt mille personnes sur sa route, Enfantin poursuivait ainsi :

« J'ai annoncé à Rességuier et à Encely (qui sont ceux qui nous connaissent le mieux) la promotion d'Eugène et de Margerin ; cette nouvelle a fait grand plaisir, parce qu'ils y ont vu la preuve que le nombre des colonnes qui doivent porter l'édifice saint-simonien s'augmentait ; pleins de confiance en nous, et déjà à même d'apprécier Eugène, ils ont vu dans cette élection un choix encourageant pour d'autres, et une grande récompense pour ceux qui en ont été l'objet ; j'espère que voilà de vrais sentiments saint-simoniens.

» Je leur ai fait aussi connaître notre nouveau et excellent disciple, Charles Duveyrier, et son voyage de Normandie a fait un vif plaisir ; on demande de connaître à l'avenir ce qu'il écrira ; notez cela...

» J'ai parlé à Rességuier et à Encely de nos projets d'organisation de société saint-simonienne; l'idée de la bibliothèque-modèle, lieu de réunion, prêche quotidien, leur a beaucoup souri; ils ont senti que les travaux en iraient bien plus vite, et surtout que la moralité doctrinale de chacun y gagnerait; qu'on s'y connaîtrait, qu'on s'y lierait davantage, que chacun y apprécierait mieux la capacité de ses frères, et qu'on y sentirait tout l'avantage de l'association qui est encore bien informe aujourd'hui. Ces messieurs, qui vont vite en besogne, croient qu'il suffit de concevoir un pareil plan pour le réaliser.

» J'aurai encore bien des conversations à vous redire à mon retour; en voilà assez pour aujourd'hui, je reprendrai la plume à Sorèze. »

Avant de quitter Foix, Enfantin voulut donner aussi de ses nouvelles à sa famille selon la chair, à sa correspondante de Curson, dont il s'appliquait à faire sa parente, sa sœur en Saint-Simon. Lui racontant d'abord les incidents de son trajet de Tain à Carcassonne, il se trouve heureux d'avoir à lui apprendre que la jeune fille d'une cousine qui l'avait accompagné, à son départ, jusqu'à la voiture, lui avait valu, en chemin, force félicitations de la part de ses compagnons de voyage; et le charmant badinage, auquel son grand esprit se prête en ce moment, lui est encore un moyen délicat et puissant de faire bien saisir et bien apprécier par Thérèse ce qu'il y a de plus sérieux et de plus élevé dans la doctrine nouvelle.

« Tous mes compagnons de voyage, dit-il, n'ont pas cessé de me faire compliment de ce que j'avais, les uns disaient une fille, les autres une sœur, une nièce, une cousine aussi jolie, d'une physionomie aussi douce, aussi distinguée, aussi angélique; Marie a été cause de toutes ces félicitations, et réellement je n'ai pas été tenté une seule fois de dire à ces messieurs, qu'ils flattaient, qu'ils exagéraient, car j'avais été moi-même bien agréablement surpris en voyant Marie se développer d'une manière aussi remarquable, et j'ai regretté d'avoir passé si peu de temps à Tain, et de n'avoir pu faire parler cette jolie cousine. J'ai bien déjà, pour la juger, cette grande probabilité *des formes* à laquelle vous prétendez que j'attache trop d'importance, mais je ne suis pas absolu, exclusif dans mon amour pour les formes, et cela ne m'empêche pas d'examiner le *fond;* seulement cela me *prédispose* à faire cet examen; c'est un malheur, direz-vous, c'est une injustice; pas du tout : c'est simplement une mesure *d'ordre*, et vous allez voir comment. Il existe bien des femmes et bien des hommes, laids ou beaux; comme je ne peux pas examiner *à fond* tous ceux que je rencontre, il faut bien faire un choix, pour savoir par où commencer; or, pour faire ce choix, ce sont les yeux qui me décident d'abord, sauf à *rectifier* plus tard! Croiriez-vous par hasard qu'un homme qui commencerait par les laidrons aurait autant de chance que moi de réussir? Soyez-en sûrs, les belles femmes, les beaux hommes sont comme les beaux cantaloups : il y a plus de chances d'y trouver de bons morceaux. La fille de mon auberge me donnait tout à l'heure, à mon souper, des alberges superbes; j'en goûte une, elle était verte et de mauvaise qualité; je lui demande pourquoi elle me donne des pêches comme cela, elle me répond : TOUT CE QUI EST BEAU N'EST PAS TOUJOURS BON. Je ne croyais pas trouver à Foix, dans une servante d'auberge, cet axiome de la philosophie voltairienne qui dit tantôt : « CE QUI EST BEAU N'EST PAS BON, » et tantôt : « CE QUI EST BON EST BIEN LAID. » Nous qui aimons à voir la main bienveillante de Dieu répandant partout l'*harmonie*, nous ne prenons les *dissonances* que pour de rares *exceptions*, qu'il n'a pas souvent employées, car il est encore meilleur compositeur que Mozart. Cependant je ne voulais pas faire un cours de doctrine avec ma servante, et je me contentai de lui dire : J'AIMERAIS MIEUX QUE VOUS M'EN EUSSIEZ SERVI DE VILAINES, je n'y aurais pas touché, ou SI J'Y AVAIS TOUCHÉ, JE N'AURAIS PAS ÉTÉ DÉSAPPOINTÉ.

» Je reviens à notre jolie alberge ou pêche de Tain ; avouez que si vous voyez un joli fruit comme celui-là ne pas venir à maturité, vous éprouvez une double peine ; que serait-ce si vous voyiez quelque ver s'emparer d'elle, la ronger jusqu'au cœur, gâter ce fruit vermeil, pur, sans tâche? Non, mes chères amies, je ne suis pas injuste. Dieu nous a fait comme cela : un avorton périt, nous gémissons ; mais si un arbre vigoureux, promettant une longue vie, beaucoup de fruits et de bons fruits, si notre cher Auguste nous est ravi, nous pleurons à chaudes larmes, même en comptant sur la bonté et la justice de Dieu.

» Je voulais être tout en joie en parlant de Marie, et je pleure, mais voyez à quoi sert la beauté; quelle figure je fais en ce moment! Je pleure encore, mais je jouis, en songeant que rien de ce qui est beau, de ce qui est bon, périt ; que Dieu met toujours près de nous, *quand nous aimons*, quelque chose de plus beau, de meilleur que ce que nous regrettons. Louise, qui pleure son mari, a une fille; moi, qui pleure Auguste, j'ai une doctrine qui remplit mon cœur, et me promet mille fois plus que je n'ai jamais eu, que je n'aurai jamais sur cette terre...

» Je finis donc sur ce sujet, en te recommandant Marie, ma chère Thérèse; c'est toi qui dois lui ouvrir les portes de l'avenir, je t'ai donné les clefs qui ouvrent la première entrée, il faut qu'elle sache, comme l'a dit de Maistre, qu'une grande révolution se prépare dans les vues de Dieu sur l'humanité, pour qu'elle se tienne prête à cette vie nouvelle, que Dieu va donner à tout ce qui est *bon*[1], *sage*[2] et *beau*[3]: faire bien attention à ces trois chiffres, rappelle-toi notre trinité. »

Après avoir noté, en quelques lignes, son passage à Montpellier et son arrivée à Carcassonne, Enfantin témoigne la joie qu'il a ressentie de se rencontrer avec Rességuier, et des trois jours d'expansion fraternelle qu'ils ont passés ensemble.

« J'ai trouvé en lui, dit-il, ce que j'attendais; je savais que je ne verrais en lui ni un Hercule ni un Apollon; aussi vous ai-je dit que mon amour pour le beau n'était pas absolu, et je peux même ajouter que, dans l'époque où nous vivons *surtout*, ma règle doit rencontrer beaucoup d'exceptions, parce que la critique gâte tout ce qu'il y a de plus beau. Voltaire aurait été capable de faire avorter Jupiter, et de lui faire mettre au monde une mégère au lieu de Minerve. Vénus, si elle avait lu *la Pucelle*, aurait enfanté le petit N... au lieu d'être mère de l'Amour. Ce n'est pas à dire que Rességuier ne soit pas à mille piques de N... Il a ce qui empêche toujours d'être laid, l'*œil*, l'expression et la chaleur d'âme qu'un corps grêle (consumé par cette chaleur qui a reçu trop tard son véritable aliment) sait montrer, dans chaque occasion où il s'agit d'idées généreuses. »

Enfantin répète ensuite les détails qu'il a donnés à Eugène Rodrigue sur l'accueil remarquable qu'il a reçu de la colonie saint-simonienne du Midi. « Heureusement, dit-il, j'ai maintenant une vigoureuse poitrine, car il m'a bien fallu (à Castelnaudary), depuis six heures du matin jusqu'à onze heures du soir, parler pendant neuf ou dix heures. Mais j'ai trouvé là plus d'ardeur encore, parmi ces disciples éloignés, que je n'en vois à Paris. Ils savent presque par cœur, mieux que nous-mêmes, ce que nous avons fait; enfin, ils m'ont charmé, émerveillé. Je les ai quittés hier pour venir ici. Je retournerai demain à Castelnaudary; le lendemain, je partirai, avec Encely, pour Sorèze, où je dois passer trois ou quatre jours, et où je dois trouver de nouveaux catéchumènes. Ils ont tous préparé des notes sur des points qu'ils désirent éclaircir avec moi. J'ai coulé à fond ceux de Rességuier, en partie ceux d'Encely, mais nous repasserons encore tout cela à Sorèze, en même temps que les notes des catéchumènes moins avancés.

» J'ai lu à Rességuier et à Encely la lettre de Saint-Cyr et ma réponse; elles ont fait grand plaisir, parce que la position où je me suis trouvé, avec Saint-Cyr, est à peu près celle où nous sommes presque tous placés, les uns et les autres, avec nos anciens amis du libéralisme.

» A propos de libéraux, j'oubliais de te dire qu'à Carcassonne, causant politique à table d'hôte, Rességuier et moi, avec un brave libéral, industriel de ce département, ce brave homme s'est mépris tellement sur nous qu'il nous a pris, d'abord, ou pour des nobles ou pour des curés déguisés; et, dans un moment de la discussion, il est devenu rouge comme un coq, ou plutôt comme un dindon, au point de nous dire presque de grosses sottises... le brave homme! Nous l'avions, il faut le dire, enferré; il criait beaucoup contre les nobles et les prêtres, nous l'avons poussé un peu, et alors il a crié contre les oisifs qu'il appelait des sangsues; quand nous l'avons tenu là, nous avons voulu lui faire sentir que les prêtres et les nobles étaient à demi-morts, que les oisifs au contraire étaient de gros vivants qui avaient les dents fort longues, qu'il ne fallait pas user notre colère contre les vieux restes du moyen âge, afin d'en conserver une bonne part pour ces sangsues; c'est là qu'il a perdu la carte. »

P. S. « Thérèse embrassera la première fois Louise de ma part, pour la féliciter d'avoir une aussi gentille consolatrice auprès d'elle. Elle l'embrassera deux fois si cette jolie[3] consolatrice est aussi instruite[2] qu'elle est jolie[3], et dix fois si elle est aussi BONNE[1] qu'elle est jolie[3] et *instruite*[2]. Ces chiffres vous montrent que je ne suis pas si aveuglé par la beauté. »

A Castres et à Sorèze, Enfantin fut accueilli et fêté, comme à Castelnaudary, par les hommes d'élite, ingénieurs, médecins, avocats, agriculteurs, etc., qui composaient la famille saint-simonienne dans ces contrées, et dont il continua de faire connaître les physionomies diverses et les aspirations communes, à Buchez, dans une lettre datée de Rodez, le 2 octobre.

« Mon cher Buchez, disait-il, je ne réponds pas à votre lettre parce que j'aime mieux employer aujourd'hui les heures que j'ai libres à causer de mon voyage, renvoyant jusqu'à mon retour la discussion sur. l'objet de votre lettre ; toutefois je me hâte de vous dire qu'elle m'a fait grand plaisir et qu'il me tarde de finir tête à tête la discussion fraternelle que vous avez commencée. Passons vite à Sorèze.

» Concevez-vous, mon cher ami, la joie du frère Enfantin quand il s'est trouvé quelques jours et à si grande distance de la métropole, au milieu d'une troupe de fidèles dont plusieurs savent très-bien la doctrine et qui, tous, l'*aiment* presque autant que nous. J'ai parlé dans ma lettre précédente de Rosséguier, Encely [1] et Gattier [2], et subsidiairement de deux amateurs dont l'un, Redon [3], donne

1. Médecin très-distingué, très-influent, et *excellente tête*, dit Enfantin.

2. Professeur de mathématiques, intelligent et laborieux, admirateur de la doctrine nouvelle.

3. Jeune médecin des environs de Castelnaudary.

des espérances. Je vais reprendre aujourd'hui mon récit, à partir de mon retour de Foix à Castelnaudary. Je suis arrivé un jour plutôt qu'on ne m'attendait; nous l'avons bien employé, Encely, Gattier et moi. Le lendemain, de bonne heure, nous étions chez Rességuier, où j'ai trouvé (je vais classer le troupeau) Bouffard, les deux Combes, les deux Borel, et un médecin, beau-frère de ceux-ci, nommé Prades. Vous voyez que nous étions dix à table. Il nous en manquait un *bien bon*, retenu chez lui par la maladie de sa mère, c'est Marquier[1], qui a fait des progrès immenses; je vous en parlerai tout à l'heure. Bouffard est un homme qui a des formes embarrassées, un langage un peu embrouillé, l'air presque niais à force d'être bon, quand il ne s'anime pas; tous ses traits sont bien, il est même assez bien fait; cependant personne, au premier abord, ne paraît peut-être plus gauche que lui. Jusqu'à présent l'éloge n'est pas grand. Eh bien! Bouffard est une perle que le catholicisme aurait enchâssée de la manière la plus brillante, tandis que le criticisme l'a laissé brute, ou du moins

1. Marquier, remarquable par l'esprit et par le cœur, fut appelé, après 1830, à remplir les fonctions de préfet dans les départements de l'Ardèche et de Vaucluse, où il s'attira l'estime générale et laissa d'universels regrets.

couverte d'une crasse que la doctrine enlèvera. Combes l'aîné est avocat ; il a d'assez belles études littéraires et garde bien ce qu'une fois il a acquis. Il est laborieux et travaille assidûment à la doctrine, c'est un homme acquis ; mais l'important dans cette acquisition est une chose qui lui est du reste commune avec tous ces messieurs, je veux dire l'influence qu'ils exercent tous sur les jeunes gens, chacun dans son petit endroit. Le jeune Combes se moquera, je crois, du droit d'aînesse, et montera sur les épaules de son frère. Borel aîné est médecin. Ici la conversion n'est pas encore totale, mais il a assisté à tout ce que nous avons dit, et chaque jour il s'est rapproché davantage. Quant à son frère, je vous en parlerai tout à l'heure [1].

» Marquier est arrivé à force de voiles, la veille de mon départ, et décidé à m'accompagner à Castres où les Combes demeurent, ensuite à Alby où Borel jeune nous avait devancés, et où nous sommes

1. Enfantin dit, en effet, à la fin de cette lettre :

« Borel jeune procède à la manière des savants, il a peur de se passionner; malgré cela, je le regarde comme étant à nous, et le rang qu'il occupe parmi les jeunes gens de son âge (il est entré et sorti le premier de l'école, et il est toujours le premier au corps des ponts et chaussées) me fait regarder sa conversion comme une très-bonne chose, quoique je n'ose pas espérer qu'il soit jamais bien chaud. » Le jeune Borel ne tarda pas à rendre les espérances d'Enfantin moins timides.

restés deux jours pleins faisant un continuel trio de doctrine.

» Notre séjour à Castres aurait été presque nul pour la doctrine, à cause de la famille nombreuse des Combes qui nous entourait, sans (et cela vous étonnera) la verve de Marquier. Déjà, dans la soirée qu'il avait passée avec nous, à Sorèze, il nous avait amusés au dernier point, et nous avait fait rire, comme je n'avais pas ri de longtemps, par un *confiteor* des plus comiques sur ses anciens péchés bonapartistes, républicains, constitutionnels, sans ou avec dynastie, etc., etc. Il nous avait fait pouffer de rire, en nous parlant des tristesses de ces pauvres libéraux toujours sur le point de réussir depuis quinze ans, s'élevant sans cesse sur la vague d'où ils croient voir le havre constitutionnel, et retombant presque aussitôt dans le fond de l'abîme. En un mot, personne n'avait fait encore pour moi une critique aussi fine, aussi juste, aussi pénétrante, de l'impuissance et du vide de la critique. Ce moyen, qui ne serait peut-être pas aussi bien à sa place à Paris [1], est d'une utilité bien grande dans ce pays, où la politique est l'oc-

1. On était alors en plein ministère Polignac. La reprise des luttes libérales avait sa raison d'être, raison transitoire sans doute, et qui ne devait pas faire oublier l'impuissance finale de

cupation constante de tout le monde, et personne ne peut mieux l'employer que Marquier dont la chaleur libérale était connue. Aussi est-ce lui qui a produit le plus d'effet sur Borel aîné, sur son frère et sur Ludes, dont je ne vous ai pas encore parlé, parce qu'il ne connaît la doctrine que depuis mon passage à Sorèze.

» Ludes, ancien camarade de tous ces messieurs, était un des meilleurs élèves de Sorèze, condisciple d'Encely à Montpellier; celui-ci en fait le plus grand cas, sous le rapport de la capacité surtout. Rességuier m'assure que c'est la tête la plus forte que j'aie vue dans la succursale. Je crois que ces messieurs exagèrent; mais, cependant, je crois Ludes bien constitué pour comprendre,

» Je reviens à Sorèze, maintenant que vous connaissez chaque individu. Je devais avoir une espèce de plastron assez vigoureux, pour m'escrimer devant ces messieurs, afin de mettre la doctrine en présence d'un rude champion libéral. Sorèze était parfait pour cela. Un nommé Benjamin Rivals, aveugle depuis l'âge de vingt-huit ans (il en a je crois cinquante-six), est l'oracle constitutionnel de ces

la politique critique, en fait de réorganisation sociale, mais dont l'importance passagère et locale était bien sentie par Enfantin, quand il excluait Paris, de l'effet favorable que pouvait produire le *Confiteor* amusant de Marquier.

contrées. Il a été le maître, le directeur de conscience de tous ces messieurs, et il gémit de voir ses élèves lui échapper ; c'est à peu près Voltaire incarné, avec beaucoup moins d'esprit, mais plus de science, de méthode, de logique. La discussion ne fut pas longue à s'engager avec lui, et je lui donnai pour texte le résumé de la leçon de Rodrigue sur le développement général de l'espèce humaine. Une discussion de trois heures très-animée, et seulement entre nous deux, produisit l'effet que j'attendais; les objections furent bien posées, bien soutenues par Rivals, mais vous savez que ce ne pouvait être que celles qui nous ont été faites si souvent, et qui sont toujours présentes à notre esprit ; la critique fut culbutée dans les marais voltairiens. Rességuier et Bouffard jouissaient certainement plus que moi ; quant à Borel et Ludes, qui étaient présents, cette discussion leur fit plus d'effet que trois jours de conversation entre eux, ou que huit jours de lecture.

» Ce malheureux Rivals s'avisa de tirer du sac du XVIIIe siècle quelques vieilles et grosses plaisanteries sur la Trinité, à propos de l'hérésie d'Arius; je l'abîmai en lui faisant sentir combien il fallait que nous fussions *crédules* pour *croire*, sur la foi de quelques hommes, qu'une chose, qui avait autant agité le monde, était une ridicule puérilité ; je lui fis sentir l'identité des travaux philosophiques et des travaux purement religieux sur cette question, et, revenant sur l'hérésie d'Arius et en général sur toutes les hérésies, je lui montrai que ce n'était pas bagatelle de refuser ou de donner tels ou tels attributs à Dieu, ou de les mettre dans tel ou tel ordre; et, pour que l'application, quant à la doctrine, fût immédiatement sentie par tous les auditeurs, et même par Rivals, je lui fis voir qu'en admettant, comme nous, que l'homme est triple, il est de la plus haute importance d'établir un ordre dans la *procession* de ses facultés, puisque si les uns admettent que la *science* domine le *sentiment*, ils forment, d'après ce principe, une société toute différente de celle qui serait instituée d'après cet autre dogme philosophique, qui faisait procéder la science du sentiment ; que, dans l'une, les savants dirigeraient, dans l'autre les artistes, ce qui ne peut pas être indifférent. »

Mais Enfantin n'oubliait pas, en racontant à Buchez la défaite de M. Rivals, qu'il avait d'autres objections à réfuter que celles du Voltaire sorézien, et qu'il devait une réponse à Buchez [1] lui-

1. Buchez, qui, d'après la lettre d'Enfantin à Olinde Rodri-

même, sur la question de Dieu et sur celle des femmes. Cette réponse, écrite à Espalion ou à Clermont, suivit de près la lettre de Rodez; nous avons dit l'importance qu'Enfantin y attachait, comme à celles qu'il avait adressées, sur le même sujet, en août et en septembre, à Duveyrier et à Eugène Rodrigue.

Rentré à Paris vers le milieu d'octobre, Enfantin eut peu de moments à donner au repos pour se remettre des fatigues de corps et d'esprit qu'il avait essuyées dans son voyage. Il trouva le collége toujours arrêté dans l'élaboration du dogme, par une controverse persistante, et les réunions du mercredi plus entravées que jamais par des dissidences auxquelles l'amour-propre n'était pas tout à fait étranger. Son premier soin fut de s'appliquer à faire cesser ce malaise intime, d'autant plus fâcheux qu'il coïncidait avec un progrès notable au dehors. Sa correspondance ne fut pas négligée pour cela, tant s'en faut. Reséguier lui avait écrit, à la fin d'octobre, et il avait glissé, dans sa lettre, un mot de doute sur la participation future et ac-

gue, devait discuter, en tête à tête avec ce dernier, les questions qui divisaient le collége, préféra sans doute la discussion épistolaire avec Enfantin même, ou la jugea du moins nécessaire pour arriver plus tôt à une solution.

tive des femmes à l'œuvre doctrinale. Enfantin, dans sa réponse, n'oublia pas cette velléité sceptique.

« Vous me demandez, lui dit-il, si les dames qui s'occupent de la doctrine ne se mettront pas bientôt en relation, et vous dites, en parenthèse, que le moment n'est pas encore venu et qu'il ne viendra peut-être *jamais*; ce dernier mot, placé comme vous le faites, n'est pas à l'usage de la doctrine. Quelques dames nous demandent cette année d'assister aux réunions de la rue Taranne, d'autres vont commencer à se grouper autour de madame Bazard; un des anciens admirateurs de Saint-Simon, qui n'en est malheureusement encore qu'au point où vous en étiez il y a deux ans, où nous en étions à l'époque du *Producteur*, un de nos amis, *Vieillard*, dans un voyage qu'il vient de faire en Suisse, a manqué être converti lui-même définitivement à la doctrine, c'est-à-dire être amené à comprendre son aspect religieux, qui lui échappe encore, par quelques anciennes grandes dames de l'Empire, qu'il endoctrinait (la duchesse de Bade douairière et la comtesse de Saint-Leu). La première surtout embrassait ardemment la partie économique ou politique de la doctrine, et quelques-unes de ses vues générales sur l'humanité; et si Vieillard n'avait pas été lui-même hors du temple, elle aurait pu y entrer complétement, puisque, je vous le répète, elle a manqué l'y entraîner elle-même, en lui répétant sans cesse : C'est très-beau, mais *quelle couleur religieuse donnez-vous à votre avenir ?* »

Vieillard ne savait que répondre. La générosité de son âme n'avait pas de bornes dans la pratique des relations sociales et des devoirs humains; mais le sentiment religieux s'arrêtait en lui à la philanthropie, aidée du rationalisme scientifique, pour l'explication des rapports de l'homme avec l'univers. Enfantin, dans sa lettre, indiquait à Reséguier la couleur religieuse que Vieillard ne pouvait pas donner à l'avenir social, annoncé par Saint-Simon.

« Si nous pouvons, disait-il, unir et Manès et saint Augustin, et Spinosa et Pascal, on nous fera un reproche sans fondement, lorsque, prenant *une* des faces sous lesquelles nous prétendons que Dieu se présente à nous, on nous accusera de le voir d'une manière fausse. Si nous disions que Dieu ne peut être conçu *que* sous cet aspect, on aurait raison, nous serions des religieux *matérialistes* tout simplement, comme nous serions des philosophes matérialistes, si l'homme nous paraissait *uniquement* dans la forme matérielle, et non dans la *pensée* dont cette forme est la manifestation. L'homme est très-*encroûté* dans la matière, cela n'empêche pas de voir en lui un ange, lorsque cette croûte, miroir fidèle du parfait amour, est imprégnée de la flamme divine; et si je le considère comme un *point* sollicité sans cesse par des forces qui agissent sur lui, ce point est aussi une force qui sollicite tous les *points* qui l'entourent. Je suis donc *fataliste*, si l'on veut, pourvu qu'on ne m'accuse pas d'être simplement *fataliste ;* mais alors, ce nom même ne me convient plus, car, lorsque je ne suis ni matérialiste, ni spiritualiste, je peux être *tout à tous pour les sauver tous*, je puis être le prêtre de l'avenir. »

La pensée, exprimée sommairement dans ce paragraphe, était développée dans une argumentation large et pressante [1].

1. A côté de cette exposition théologique, Enfantin donnait à Rességuier d'utiles renseignements sur l'organisation des travaux de l'école.

« Rue Taranne, disait-il, Bazard et moi serons seuls au bureau, pour éviter les reproches qui nous ont été faits, de présen-

Enfantin terminait par ce *post-scriptum* qui caractérisait la situation intime du collége à ce moment (4 novembre 1829).

« Je vous rappelle, mon cher ami, ce que je vous ai déjà dit à Sorèze; ces trois questions : *Les femmes, la vie future*, et l'aspect de *Dieu, sous le rapport de sa manifestation matérielle*, ne sont pas encore définitivement résolues dans l'école. Je vous donne donc toujours mes idées comme n'étant qu'une opinion *individuelle*, et uniquement pour que vous portiez votre attention sur ces grands

ter une masse compacte, effrayante, prête à écraser l'auditoire; Bazard exposera, comme à l'ordinaire, et nous répondrons ensuite, l'un ou l'autre, aux objections.

» Les petites réunions du mercredi prennent davantage le caractère d'atelier de travail; deux Pères seulement y président : l'un est le coadjuteur de l'autre; tous les trois mois, l'un deux sera renouvelé; l'autre, restant, deviendra président, de coadjuteur qu'il était. Là se distribuent des travaux à faire, des recherches historiques propres à justifier les idées générales de l'école, des analyses d'ouvrages qu'il est inutile de faire lire à tous, les correspondances avec la province qui sont aujourd'hui assez considérables. Voilà ce qui occupera ces réunions, dans lesquelles d'ailleurs seront lus les travaux de quelque importance. Les discussions qui auront lieu dans le sein de ce collége seront dirigées par les Pères, mais simplement dirigées; elles s'établiront entre les frères. — Il y a de plus une réunion pour *l'Organisateur*, présidée par Laurent, et où assisteront les personnes qui, ne pouvant se livrer au travail *théologique* du petit mercredi, ont besoin d'un centre de doctrine plus intime que celui de la rue de Taranne. »

problèmes que nous élaborons. J'espère, avant peu, pouvoir vous en parler *ex cathedrâ.* »

Les préoccupations d'Enfantin, au milieu des débats théologiques du collége et des travaux d'organisation intérieure, ne l'empêchaient pas, nous l'avons déjà constaté, de poursuivre sa correspondance doctrinale [1], avec la même activité et la même

1. On trouve, dans la correspondance de cette même année (1829), une lettre, adressée par Enfantin à une dame (Mme Espert), sur les hautes questions qu'il était alors si impatient de voir résoudre. Le début de cette lettre, qui sera publiée intégralement, nous suffira pour en faire apprécier ici l'intérêt et l'importance.

« En vous engageant à lire l'ouvrage de M. de Lamennais, en vous envoyant ceux de de Maistre, je désirais appeler votre attention, non sur le problème qui les occupe et qu'ils résolvent mal, selon moi, je veux dire la possibilité de replacer l'Église de Rome au rang dont elle est déchue, mais sur la manière dont ils défendent la grande question politique de l'unité d'*action*, d'*affection* et de *doctrine*, qu'ils me paraissent avoir parfaitement approfondie. Quelle doit être la *doctrine*, quelle sera la nature d'affection que cette doctrine excitera, quels seront ses *moyens d'action* sur la société, ce sont trois points secondaires, quant à l'utilité que l'on peut tirer de ces ouvrages. Ainsi, avant de discuter avec eux si la *doctrine* sera celle de Jésus, de Moïse, de Mahomet, etc.; si l'*affection* à inspirer aux hommes dans l'avenir doit être celle qu'inspiraient les sibylles, le grand-prêtre juif, les vestales ou les prédicateurs chrétiens; avant d'examiner si les *moyens à employer* pour diriger, suivant cette doctrine, les actes humains, sont ceux qui ont été commandés comme *pratiques* obligatoires par l'une ou l'autre des nombreuses religions qui ont existé jusqu'à ce jour, il est indispensable, selon moi, de se fixer sur une question politique supérieure à ces trois pro-

ampleur. A la veille (fin d'octobre 1829) d'écrire à Rességuier sa lettre du 4 novembre, il avait adressé à sa cousine Thérèse de nouvelles et nombreuses pages, aussi remarquables que celles que nous avons citées jusqu'ici, et dans lesquelles il reproduisait, sous un jour toujours plus vif et plus saisissant, ce qui était dès lors bien fixé dans son esprit sur les grands problèmes agités entre les chefs de la doctrine. En ce même mois de novembre, le 25, il reprit ses relations épistolaires avec un de ses anciens condisciples de l'École polytechnique, dont il désirait ardemment la conver-

blèmes, fort importants d'ailleurs. Cette question peut se présenter en ces termes :

« Quelle que soit la *forme* sous laquelle Dieu révèle aux hommes ce qu'il veut qu'ils fassent (et à chaque instant il s'adresse à eux, puisque à chaque instant ils aiment, pensent ou agissent); quel que soit le *temps* où il les éclaire, un fait doit nous frapper, c'est qu'il existe des êtres, sans doute privilégiés, qui entendent les premiers la voix de Dieu, qui courent avec le plus d'*ardeur* au-devant d'elle, qui s'élèvent sur les hauteurs de l'amour et de l'intelligence, donnés par Dieu à la créature pour rapprocher leur oreille de la bouche adorée du Créateur. Tous ne montent pas sur le Sinaï, tous ne contemplent pas, pour ainsi dire, face à face la majesté du Très-Haut; mais ceux auxquels il permet de s'élever *presque* jusqu'à lui, ce sont ceux auxquels il ordonne le plus fortement d'éclairer les autres, afin d'établir entre tous cette chaîne sympathique de soumission dévouée, de puissance aimante, sans laquelle l'humanité ne saurait s'élever jusqu'à Dieu, car il faut qu'elle *aime* et qu'elle *obéisse* sur la terre, pour comprendre les joies ineffables qu'elle éprouvera un jour en présence du souverain *maître*, du souverain *amour*. »

sion. La réponse qu'il reçut ne fut pas satisfaisante. Il la conserva toutefois dans ses archives, en y ajoutant seulement, en marge, la note suivante :

« Lec... est mon camarade de lycée et d'école. Au lycée nous étions les deux véritables chefs, à tous les jeux nous étions rivaux; grand et fort comme moi, fort dans ses classes de latin et assez faible en mathématiques, ce qui était le contraire pour moi, nous luttions à tous les exercices par égalité. Mais une autre différence nous caractérisait encore. Lec... était aimé de quelques élèves qui le connaissaient à fond. Drut et moi étions certainement ceux qui faisions le plus de cas de lui, mais les seuls peut-être dont il fût vraiment aimé; moi, j'étais aimé de tous. Sa jalousie devint progressivement si vive qu'à l'époque de notre entrée à l'école, Lec... ne me parlait plus, sans qu'il y eût entre nous une seule circonstance qui eût pu déterminer, avec quelque apparence de raison, ce silence.

» A l'école, nous couchions dans la même chambre ainsi que Drut, et, pendant toute notre année de séjour dans cette chambre, il ne me parla pas, malgré les efforts constants de Drut et les

miens pour rétablir l'harmonie. Enfin, il partit à la fin de 1814 pour la Russie, moi, pour le Dauphiné. Drut resta à l'école jusqu'au licenciement, et entretint correspondance avec tous deux. Lec... était attaché d'ambassade dans la ville même où, plus tard, je devais passer trois années comme négociant. Dans sa correspondance, Drut continuait ses efforts de conciliation. Enfin, en 1816, il reçut une lettre de Lec... pour moi, c'est celle que je lui rappelle dans ma réponse, lettre très-remarble par sa loyauté, par sa dignité, et dans laquelle Lec... se confessait noblement de son orgueil et de sa jalousie, et attribuait franchement sa conduite avec moi à l'affection générale dont il me voyait entouré. A son retour, nous nous sommes revus, et depuis lors nous nous sommes toujours écrit. »

Les deux amis continuèrent, en effet, de s'écrire malgré le ton d'aigreur qui régnait dans la dernière lettre de Lec..., et grâce au soin que prit Enfantin de ne pas rendre bourrade pour bourrade, et de restituer à leur correspondance les allures cordiales de la camaraderie : sa réponse fut prompte et immédiate.

« Je reçois le même jour, dit-il à Lec... ta lettre et celle de Drut dont je t'envoie copie : tu sentiras en lisant celle-ci, mon cher ami, combien j'ai dû regretter que notre trinité d'amitié fût encore prête à se dissoudre. Combien j'ai dû faire de retour sur moi-même et sur toi, pour m'expliquer le ton de nos deux dernières lettres. Je dis nos deux lettres, parce que, évidemment, d'après la tienne, la mienne ne valait rien du tout, puisqu'elle a produit sur toi un effet tout à fait opposé à celui que j'en attendais. Tu as raison, il y avait de l'aigreur, je l'avais bien senti moi-même, car, autant que je peux me le rappeler, je cherchais à me la faire pardonner par la fin de ma lettre; mais j'ai fait comme l'ours de la fable ou comme l'âne, je t'ai jeté un pavé sur la tête ou donné un coup de pied, au moment où je voulais t'embrasser comme je t'aime, c'est-à-dire chaudement. Il en est résulté que tu m'as encore moins compris que tu ne comprends *le Producteur*, et qu'en t'arrêtant aux formes qui t'ont blessé, tu as négligé le fond, que tu as connu bon autrefois, et qui, sois en sûr, n'a pas changé.

» Je ne répondrai pas phrase par phrase à ta dernière lettre, mon cher Lec..., je crois que tu penseras, comme moi, après ce que je viens de te dire, que nous devons oublier ce que nous nous sommes dit dans le cours de la semaine dernière.

Un mot, seulement, sur le reproche que tu me fais de vouloir qu'on donne *tête baissée* dans toutes les idées qu'il nous plaira de vous imposer du *jour* au *lendemain*.

» Depuis le mois de juin 1826, date de ta première lettre sur la doctrine, je te prie d'étudier, d'examiner, *de discuter* sérieusement nos idées ; je ne veux donc pas que tu y donnes tête baissée, ni du *jour au lendemain;* je te demande, je te presse d'y réfléchir d'autant plus que tu vois qu'elles m'occupent, qu'elles m'absorbent davantage; j'ai toujours fait appel à ton amitié pour te décider à examiner si l'un des hommes que tu aimes le plus était dans une voie déraisonnable, s'il se perdait à la suite d'un fou, ou si, au contraire, il se passionnait (comme tu dois désirer qu'il le fasse) pour ce qui est bon et généreux, et aussi pour ce qui est *raisonnable;* en un mot, s'il travaille avec ardeur à une utopie, au lieu de hâter les véritables destinées de l'humanité !

» Oui, mon ami, je voudrais être ton père en doctrine, parce qu'en aimant en toi non-seulement un ami, mais un fils, je t'aimerais aussi complétement qu'il est donné à un homme d'aimer un homme, et aussi parce que la paternité saint-simonienne a pour but de faire dépasser chaque père par son fils, et que ces classifications de père et de fils ne sont jamais définitives pour nous, et que si je veux te convertir à la doctrine, c'est parce que je compte assez sur ta capacité morale et intellectuelle pour que tu nous rendes bientôt à ton tour des services de frère...

» Tu verras, par la lettre de Drut[1], qu'il se plaint de la manière dont Eugène et moi avons traité les commissaires du général Lafayette. Il a raison et il a tort : il a raison, parce que nous ne nous recrutons encore que dans les rangs d'où nous sommes sortis, dans ceux du libéralisme, et que c'est assez dire par là qu'un sentiment généreux, le vif désir de nous affranchir du passé, anime l'opposition constitutionnelle. Par conséquent, nous devons montrer à nos anciens frères d'armes que nous n'avons pas abandonné leur cause, et que nous voulons tout autant qu'eux détruire le régime du bon plaisir, d'un pouvoir brutal et ignorant ; mais il a tort, parce qu'il doit voir dans l'éloignement que nous avons pour tous les petits combats poli-

1. Drut, fils d'un ancien général de l'Empire, avait, comme Enfantin, suivi la carrière commerciale après les événements de 1815. Sous le second Empire, il fut appelé à remplir les fonctions de secrétaire des commandements du dernier frère de Napoléon Ier, le prince Jérôme. Il les a exercées jusqu'à sa mort, qui ne précéda que de quelques jours celle de ce prince. C'était un bon esprit et un excellent homme.

tiques du moment, la conséquence du but que nous avons devant les yeux, et la conviction où nous sommes qu'on peut servir le libéralisme, *dans ce qu'il a de légitime*, bien plus utilement, avec une efficacité plus large, en répandant de nouvelles idées qui, suivant nous, doivent donner une solution définitive du grand problème politique qui s'agite depuis deux ou trois siècles, c'est-à-dire la destruction de tous les priviléges de la violence et de la naissance...

» Adieu, mon ami, tu as mal interprété ce que je te disais sur le temps que j'ai mis à t'écrire mes longues lettres; au lieu de quelques lignes, ce sont des volumes que je t'écris, parce que j'ai cru que c'était encore un moyen de resserrer un lien que nos sociétés actuelles rendent aussi lâche que possible... Je t'accable de doctrine, jusqu'à ce que tu me dises que tu y renonces, *après examen*. C'est un devoir que je crois accomplir en me conduisant ainsi, parce que je te reprocherais vivement de ne pas me faire part de ce que tu croirais pouvoir m'*être utile, quand même tu te tromperais*. Vois donc si je me trompe et ne t'en tiens pas à la forme inusitée des mets que je te présente; goûte-les, tu me diras après s'ils sont agréables et nourrissants. Je voudrais pouvoir te dire : Mon *fils*, ton *frère* t'embrasse : contentons-nous au moins du dernier nom ; c'est à toi de trouver du charme aux nouvelles relations que je voudrais, non pas substituer, mais ajouter aux anciennes. »

Lec... ne répondit pas, et son silence se prolongea plusieurs années.

A l'époque de son voyage dans le Midi, Enfantin avait été retenu quelques jours à Lyon par les intérêts de la caisse hypothécaire. Pendant son séjour dans cette ville, il eut occasion de voir, chez un ami de Drut, la veuve d'un écrivain estimable, M. Thorombert, mort depuis peu de temps, au moment où il venait d'être mis en relation avec les saint-simoniens, dont il étudiait sérieusement la doctrine.

Madame Thorombert, à la suite de cette entrevue, adressa une note à Enfantin où elle déclarait son impuissance à trouver dans la religion l'explication providentielle du cruel événement qui la rendait inconsolable. « Je cherche en vain le mot de l'énigme, disait-elle, je le cherche cependant avec un cœur sincère, avec le désir de le trouver. Élevée dans des principes de piété que j'ai toujours conservés et mis en pratique, peut-être plus communément qu'on ne le fait dans le monde, j'avoue que le coup qui m'a frappée a bouleversé toutes mes idées, a tout remis en question dans mon esprit... Quand je songe que cette âme aimante a quitté la vie loin de tout ce qui lui était cher, sans avoir pu dire adieu aux objets de sa tendresse, sans que ses yeux qui ont peut-être cherché les leurs, les aient rencontrés !... Je n'ose pas tirer la conclusion.... Ses enfants châtiés, avant d'avoir pu être coupables ; à peine à leur entrée dans la vie, condamnés à marcher sans guide et sans protecteur, atteints du plus grand des malheurs avant de savoir ce que c'est que souffrir ! Qu'on m'aide donc à ne pas prononcer les mots d'injustice et de fatalité. »

Cet appel fut suivi de plusieurs lettres sur lesquelles Enfantin a écrit la note suivante :

« Cette correspondance avec madame Thorombert a précédé de très-peu de temps la mort de Vandermark et celle d'Eugène, et aussi la grande maladie de mon père, pendant laquelle mourut, sous mes yeux, son domestique. Toute cette époque, qui fut aussi celle de notre hiérarchie, de la fondation de notre famille, fut puissamment révélatrice pour moi. Là, se présenta à mes yeux d'une manière précise la foi dans la vie éternelle ; et, en même temps, toutes mes idées sur les femmes se tranformèrent; la question du veuvage fut l'origine de cette transformation, qui se trouvait provoquée d'ailleurs par tous nos travaux sur la réhabilitation de la chair.

» C'est Drut qui nous avait mis en relation avec Thorombert peu de temps avant sa mort. Celui-ci m'avait envoyé par Drut une copie de réfutation de la doctrine, à laquelle je répondis (*voir aux Archives*). Cette réponse détermina Thorombert à nous étudier très-sérieusement, et c'est ce qu'il faisait, lorsqu'il se tua lui-même, en trois jours, par l'emploi abusif d'une médecine en laquelle il avait grande confiance, quoiqu'il cachât à sa femme l'usage qu'il en faisait depuis quelque temps.

» Très-peu de jours après sa mort, je passai à Lyon pour mon voyage de la caisse hypothécaire. Drut me conduisit à la campagne chez le colonel Chartel. Madame Thorombert demeurait près de là, elle était très-liée avec madame Chartel; je me promenai quelque temps avec elle, et je portai son esprit vers le motif providentiel du malheur qui la frappait.

» Arrivé à Romans, je reçus par Drut la première note de cette pauvre femme. Les soins de mon voyage m'empêchèrent d'y répondre, et d'ailleurs, je ne me sentais pas en mesure d'y répondre. A

Paris même, j'éprouvai encore la même difffculté; enfin, je chargeai Duveyrier de faire une première lettre qu'il désirait d'ailleurs vivement écrire. Puis, je répondis moi-même à la lettre que madame Thorombert écrivit après celle de Charles. » (*Voir aux Archives.* — Sainte-Pélagie, 31 décembre 1832.)

La correspondance avec madame Thorombert exigea en effet l'intervention personnelle d'Enfantin, dans un moment où des questions intérieures de la plus haute gravité, la formation de la hiérarchie entre autres, le préoccupaient vivement.

« Depuis longtemps déjà, dit-il (dans une autre note), il était évident pour moi que lorsque nous nous étions entendus, Bazard et moi, sur quoi que ce fût, la chose était instituée dans la famille, et que Buchez seul continuait des discussions épuisées pour tous, ne se rendant plus à aucune décision. La raison de cette autorité de Bazard et de moi était simple, Bazard *enseignait* et moi *j'écrivais,* ou je dictais et faisais *écrire.*

» Un soir, sortant de chez Bazard, avec Rodrigue et Eugène (c'était vers le commencement de décembre), à la suite d'une discussion très-vive avec Buchez, discussion qui avait, comme toutes les précédentes, le grand inconvénient de retarder Bazard lui-même à tomber d'accord (il s'agissait du dogme panthéistique contre lequel Bazard avait fait successivement toutes les objections qu'il a lui-même plus tard si solidement réfutées), je dis à Rodrigue que nous ne pouvions plus continuer dans une pareille anarchie, et je lui demandai, à lui et à Eugène, s'ils ne pensaient pas, comme moi, que nous faisions de la république avec ses mensonges, car, de fait, Bazard et moi *dirigions*.

» Rodrigue en convint, et le soir même il admit qu'il fallait faire cesser ce désordre, comme je l'indiquais, en reconnaissant de droit ce qui était de fait. Eugène fut très-heureux de ce progrès qu'il désirait depuis longtemps sans s'en rendre compte, et sans l'exprimer.

» Nous eûmes, ou plutôt Rodrigue eut avec Bazard un entretien à ce sujet : Bazard demanda du temps, quinze jours je crois, pour réfléchir, prévoyant d'ailleurs l'impression que cette décision produirait sur Buchez; enfin il accepta, et le jour de Noël fut indiqué. » (Sainte-Pélagie, — 4 janvier 1833.)

Enfantin indique, dans cette même note, que

l'installation de la hiérarchie fixée à la Noël fut remise, et parce qu'il était indisposé, et parce qu'on espérait toujours pouvoir y faire assister Buchez.

A l'invitation d'assister à cette réunion, Buchez avait bien répondu d'abord qu'il était empêché de s'y rendre par un engagement pris ailleurs pour le même jour; mais il avait loyalement ajouté :

« Au reste, la position où je me trouve quant aux idées, vis-à-vis de vous, et la convention faite quant à la propagation, rendent ma présence inutile toutes les fois qu'il ne s'agit pas de discuter; je suis hors des intérêts temporels que vous débattez.

» Je suis fâché cependant de ne pas assister à votre élection, car c'était pour aujourd'hui, à moins que vous ne la remettiez encore. Mais remarquez que, soit qu'une élection ait lieu, soit qu'on ne s'en occupe pas, vous êtes nommé par le fait même de la proposition de Rodrigue et de l'appui que vous lui avez donné par vos raisons; vous êtes nommé, et non Bazard, car il n'a rien dit pour que cette organisation fût réalisée aujourd'hui.

» Je ne vous cache pas que, depuis cet événement, je *sens* que ma participation aux arrangements généraux de propagation est sans valeur, c'est-à-dire, sans conséquence; je me sens annulé dans ce sens.

» Et je ne m'en plains pas, car je suis plus libre, soit pour me livrer à mes occupations, soit pour travailler au perfectionnement de la doctrine, permettez-moi ces mots.

» Enfin que cette élection soit faite ! c'est un beau jour pour cela, c'est le jour où l'on fête l'arrivée du Sauveur.

» La proposition a été heureuse, car elle nous a appris enfin quel était le père des deux nouvelles idées introduites dans la doctrine.

» Votre condisciple et toujours ami, malgré nos disputes. »

Selon que le faisait présumer la fin de cette lettre, Buchez se dispensa d'assister à la proclamation de la hiérarchie qui eut lieu le 31 décembre, dans l'appartement de Duveyrier [1], et qui se fit aussi en l'absence d'Enfantin, retenu encore chez lui par son indisposition.

A l'ouverture de la séance, Olinde Rodrigue

1. A la Caisse hypothécaire, auprès de laquelle M. Duveyrier père remplissait les fonctions de commissaire du gouvernement.

prit la parole pour faire la déclaration suivante[1] :

« Je commencerai, dit-il, par rappeler que, dans le petit nombre de ceux qui entouraient Saint-Simon à son lit de mort, le seul qui n'ait pas abandonné la mémoire du maître, le seul qui ait poursuivi ses travaux, le seul enfin qui aujourd'hui professe et propage la doctrine en son nom, *c'est moi*. Les autres ont fui, ont renié le maître. C'est donc par moi qu'a été conservée une sorte de

[1] « Tout ce que dit Rodrigue sur son influence à notre égard, comme rappel constant au *Nouveau Christianisme*, est un fait incontestable et qui a été trop généralement méconnu. Il aurait pu ajouter que par *lui* (et secondairement par moi), Bazard et moi-même, nous acquîmes la conscience de la valeur religieuse de l'industrie. Même dans son état actuel, nous sentions la valeur scientifique et politique des *théories* industrielles, de l'économie politique ; mais nous étions loin de sentir, comme le sentait le disciple du *maître*, ce qu'il y avait de puissance pacifique dans des hommes comme Rothschild, Laffitte et, en général, dans les banquiers, qui, pourtant, devaient avant peu mener la politique française, et qui la dirigeaient même déjà en partie par l'intermédiaire de Villèle, d'où il résultait que nos prévisions, les plus prochaines surtout, en politique, devaient être fausses ; en un mot, le sens prophétique de la BOURSE nous manquait. — Mais c'est surtout sous l'aspect *moral* de ce vide qui était en nous que Rodrigue pouvait légitimement se glorifier d'avoir puissamment contribué à nous initier à une vie nouvelle ; je veux parler du sentiment PACIFIQUE que Rodrigue parvint *enfin* à inculquer en nous, et auquel Bazard fut si longtemps rebelle, car ce ne fut que bien longtemps après notre prise de possession du *Globe* que nos écrits et nos prédications en portèrent l'empreinte. » (*Note d'Enfantin.* — Sainte-Pélagie, 4 janvier 1833.)

filiation entre Saint-Simon mort et les disciples que j'ai pu attacher à sa doctrine. C'est en moi que la tradition était vivante; et cette circonstance, jointe à la confiance, au dévouement sans bornes dont je me sentais pénétré pour la parole de Saint-Simon, me fit naturellement reconnaître par ceux que je ralliai à moi, comme l'héritier et le continuateur du maître; je m'acquittai de cette haute mission avec toute l'ardenr, toute la foi possible. Huit jours après la mort du maître, j'avais organisé le *Producteur*.

» Saint-Simon, avant de mourir, m'avait dit : « Notre dernier ouvrage est celui qui sera le der-
» nier compris (*le Nouveau Christianisme*). On
» croit généralement que les hommes ne sont pas
» susceptibles de se passionner dans la direction
» religieuse, mais c'est une profonde erreur. Le
» système catholique était en contradiction avec
» le système des sciences et de l'industrie mo-
» derne; par là sa chute était inévitable. Elle a
» lieu, et cette chute est le signal d'une nouvelle
» croyance, qui va remplir de son enthousiasme
» le vide que la critique a laissé dans les âmes;
» d'une croyance qui tirera sa force de tout ce qui
» manque, comme de tout ce qui appartient à
» l'ancienne. » Cette parole du maître n'était ja-

mais sortie de ma pensée, et pendant les travaux du *Producteur*, à une époque où mes collaborateurs ne concevaient encore que la valeur scientifique et industrielle de la doctrine, je consentis, quoiqu'à regret, à ce que cet ouvrage, celui qui devait être le dernier compris, fût quelque temps laissé de côté. Cependant, je ne cessais de le rappeler à la mémoire de mes coopérateurs, en leur répétant ce que m'avait encore dit Saint-Simon : « *Toute la doctrine est là.* » Le *Producteur* cessa de paraître à l'époque où nous commençâmes à sentir que nous n'avions encore étudié qu'une face de la doctrine du maître. Alors le *Nouveau Christianisme*, grâce à ma persévérance, fut lu, relu, et tous les jours de plus en plus compris. La direction de l'école se ressentit bientôt de l'heureuse influence de ce progrès. Tous les grands problèmes humains, qui, à toutes les époques organiques, trouvent leur solution dans l'idée générale, dans la nouvelle révélation qui sert de lien aux sociétés humaines, furent posés, discutés et résolus, d'après les principes mêmes de la révélation saint-simonienne. En même temps, le cercle des conversions fut agrandi. Enfantin ouvrit des correspondances sur plusieurs points; les réunions particulières, où quelques personnes pouvaient seules jouir de l'exposition que Bazard faisait chez l'une d'elles, furent changées en des assemblées publiques, où toute personne en dehors même de l'école, put assister et manifester ses doutes et ses objections. Depuis un an, de nombreuses correspondances ont été engendrées par celles d'Enfantin ; plusieurs réunions particulières se sont formées à côté de la réunion publique et générale. Au dessous du collége, où plusieurs d'entre vous ont déjà mérité d'être admis, nous avons pu vous constituer en un second degré qui vous offre une occasion plus régulière et plus constante de vous avancer dans la doctrine. Depuis un an, enfin, de grands progrès ont été obtenus, et ces progrès ont été préparés par d'autres que par moi. Depuis cette époque, la direction de l'école, l'initiative dans la production et l'élaboration des idées, et dans les travaux même de propagation, ont passé de mes mains dans celles d'Enfantin et de Bazard ; en un mot, il est de fait, et tout fait dans la doctrine doit se faire jour et se développer dans toutes ses conséquences, il est de fait, dis-je, aujourd'hui, que sous le rapport de la conduite de l'école, ma mission est accomplie. J'ai pensé qu'à moi, avant tout autre, il appartenait de le reconnaître, et c'est pour vous l'annoncer solennellement que cette réunion a été convoquée. Dès ce jour, je dépose la direction de l'école de Saint-Simon entre les mains d'Enfantin et de Bazard, et je le déclare du plus profond de mon âme, j'attends, de cette nouvelle organisation de l'école, les plus importants résultats. »

Rodrigue ajouta qu'il n'avait jamais éprouvé une aussi vive jouissance, qu'il ne s'était jamais senti aussi grand par Saint-Simon, que le jour où il était parvenu à en trouver de plus grands à élever au-dessus de lui.

« La plus vive émotion, dit Duveyrier, en écrivant les détails de cette séance à Rességuier ; la plus vive émotion nous remplissait tous. D'Eichtal (Gustave) s'est levé en s'écriant : « Rodrigue, les » chrétiens se donnaient le baiser de paix ; pour- » quoi ne nous le donnerions-nous pas ? » Alors nous nous sommes jetés au cou de Rodrigue ; et Bazard, le seul présent de nos deux chefs, a reçu aussi nos embrassements.

» Talabot (Edmond) s'est écrié que c'était la première fois qu'on voyait le chef d'une société rendre témoignage par un acte solennel à la perfectibilité humaine.

» Après quelques instants d'interruption, Bazard prit la parole et s'attacha à montrer la différence de notre dogme avec celui des chrétiens, qui prescrit de s'humilier, de chercher la dernière place en toutes circonstances ; tandis que la religion de Saint-Simon nous prescrit de nous mettre à la place dont nous sommes jugés dignes, et cette espèce de dévouement n'exige pas moins de vertu que l'humilité chrétienne.

» Mais notre religion nous commande aussi de savoir résigner notre place lorsqu'un autre se montre plus que nous digne de la remplir. Bazard assura que l'exemple, donné ce soir par Rodrigue, servirait d'antécédent pour tous les cas semblables qui se présenteraient à l'avenir. Il protesta, en son nom et en celui d'Enfantin, qu'ils attendraient l'un et l'autre avec impatience le jour où ils pourraient imiter Rodrigue, et mettre en leur place un fils devenu plus grand qu'eux en Saint-Simon. »

Cette communication fraternelle de Duveyrier n'était que la suite et le complément d'une lettre qu'Enfantin écrivait à Rességuier et qu'il fut obligé d'interrompre lorsqu'il tomba malade. Enfantin s'y était occupé particulièrement des progrès de l'école. « L'*Organisateur*, disait-il, vous portera peu à peu les résumés de la rue Taranne (notre salle est devenue trop étroite et nous allons être obligés d'en prendre une plus grande)...... Fournel s'occupe de la révision de tous ces résumés, pour les livrer de suite à l'impression. Cela formera un volume, nous pouvons nous dispenser de donner l'ouvrage de Comte (source de préjugés à déraciner)[1], comme introduction.

» Barrault vous a sans doute donné quelques détails sur les progrès de la doctrine[2], constatés par le *nombre* et la *qualité* de nos auditeurs. L'école polytechnique donne à force; Borrel et deux de ses camarades, dont un surtout est très-avancé dans la doctrine, Transon, vont avoir des réunions régulières, pour répéter à des ingénieurs des ponts et des mines les leçons de l'année der-

1. Un membre du collége saint-simonien, G. D....., écrivait, il y a peu de temps, à l'un de ses anciens collègues :

« Je n'ai vu Saint-Simon qu'une fois avec Comte, mais pour recueillir de lui ces paroles : — *Ces savants* (cela s'adressait à Comte), *si nous n'y prenons garde, nous donneront plus à faire que les théologiens.* »

2. Une lettre d'Enfantin à Ed. Talabot, écrite également en décembre 1829, renferme quelques détails qui se rapportent aussi à la rapidité du mouvement extensif du saint-simonisme, à cette époque :

« Plus nous avançons dans la doctrine, disait Enfantin, et plus nous nous approchons du moment où une division de travail sera possible; et, quoique nous soyons obligés, dans le commencement, de consacrer *plus particulièrement* nos forces *intellectuelles* au service de la doctrine; quoiqu'il faille plus de *théologiens* que de PRÊTRES actuellement; enfin, quoiqu'il soit surtout nécessaire d'enchaîner des *raisonnements* pour écraser les *logiciens* de l'époque, nous avons aussi d'autres armes à employer, même contre ces *logiciens;* et Transon, Cazeaux, Bineau,

nière; ce qui sera excellent pour leur faire suivre plus facilement celles de cette année. Fournel a aussi une petite école d'une douzaine de personnes, auxquelles il fait chaque semaine une leçon de deux heures, quatre dames y assistent. — D'un autre côté nos dames (madame Bazard, sa fille, et sa nièce, madame Fournel, madame Sarchi, et une autre sœur de Rodrigue) ont commencé à se réunir et à faire des travaux. »

VI

(1830)

(Janvier. — Juillet,)

La lettre de Duveyrier à Rességuier, expédiée à Sorèze, le 1er janvier 1830, c'est-à-dire le lendemain de l'installation de la hiérarchie, renfermait ce passage :

« Il se passe en ce moment, dans l'église de

sont des trophées que vous pouvez montrer avec joie et qui peuvent vous consoler de bien des petites douleurs. »

Bineau est mort ministre des finances du second Empire. Il lui était réservé d'apposer son nom au bas d'une mesure qu'Enfantin avait défendue en 1824, et que le *Producteur* soutint vigoureusement en 1825 : *la conversion des rentes.*

Paris, une sorte d'épuration qui rend plus chère que jamais la présence des frères qui sont éloignés de nous. Il est arrivé, mon cher Rességuier, ce que le collége prévoyait depuis quelque temps, c'est que les progrès de la doctrine n'ont pas été également sentis par tous..... Bien que, dans le collége, six personnes (Olinde, Enfantin, Bazard, Laurent, Eugène et Margerin) luttent depuis plusieurs mois, contre une seule; bien que, dans le petit Mercredi, trois personnes seulement, les deux Alisse et Boulland [1], aient partagé l'opinion du dissident, tandis que les autres (Sarchi, Péreire, Carnot, Barrault, Fournel, Jallat, Dugied, et moi) partagent entièrement la doctrine émise par le *collége;* néanmoins les dissidents du petit Mercredi nous considèrent comme hérésiarques et *espèrent,* disent-ils, que *nous leur reviendrons.* »

Les dissidents exprimèrent en effet cette idée dans une lettre qu'ils adressèrent à Bazard, le 4

1. Boulland avait rapproché des idées saint-simoniennes deux jeunes officiers, gentilshommes et gens d'esprit, dont l'un portait même un nom qui devint illustre sous Louis XIV, C. de M. Ces néophytes, à qui leur naissance et leur profession contribuaient à donner l'entrée de la cour dévote de Charles X, assistaient aussi parfois aux réunions de l'école de Saint-Simon. L'un d'eux avait été pressé par sa famille de faire acte de pratique catholique pour se conformer à la pensée dominante en haut lieu, et l'abbé Frayssinous s'était chargé de l'y faire consentir.

janvier 1830, pour qu'elle fût communiquée à la réunion dont ils faisaient partie. C'était par une dissidence radicale sur la nature divine qu'ils expliquaient leur séparation, et ils affectaient de proclamer Saint-Simon, leur maître. Bazard se chargea de leur répondre, et il donna une autre cause de leur retraite, sans rien dire qui pût les blesser :

« Dans l'ère nouvelle qui va s'ouvrir pour l'humanité, leur dit-il, tous les initiés, sans doute, reconnaîtront Saint-Simon pour leur maître. Sous ce rapport, et autant que vous rentrerez dans les voies qu'il a ouvertes, — il sera le vôtre aussi assurément; mais dans le sens plus particulier, plus intime, où vous l'entendez, il ne l'est pas, et ne pourra jamais l'être. Votre maître, Messieurs, ou plutôt vos maîtres, ce sont ceux qui vous ont appris le nom de Saint-Simon, qui vous ont accoutumé peu à peu à l'entendre prononcer sans dédain, qui, s'étant pénétrés de la révélation de ce *puissant*

L'homme d'épée ayant franchement motivé son abstention, comme le jeune comte de Saint-Simon avait expliqué à son père son refus de communier, c'est-à-dire sur ce que l'œuvre religieuse qu'on lui demandait exigeait une foi pleine et entière qui lui manquait, le célèbre prédicateur répondit que dans la haute société, où tout le monde pratiquait, il y avait très-peu de vrais croyants. — Boulland entraîna sans doute ses nobles amis dans sa retraite. Ils ne parurent plus dans aucune réunion.

génie, et qui s'étant appliqués à la formuler, à l'étendre comme ils en avaient reçu mission, sont parvenus laborieusement à faire pénétrer dans vos cœurs quelques étincelles de l'amour de son auteur, à répandre sur vos esprits quelque portion de la clarté de sa science ; voilà vos maîtres, Messieurs, et, dans l'acception précise du mot, vous n'en avez point d'autres.

» Le disciple, sans doute, peut dépasser le maître, et personne plus que nous ne reconnaît cette vérité, et personne autre que nous ne la pratique. Mais à quel moment le disciple peut-il croire avoir fait ce progrès, si ce n'est lorsque le maître a reçu de lui l'impulsion? Direz-vous que le maître peut résister? Je répondrai qu'alors les prétentions du disciple sont vaines et que, dans la doctrine de Saint-Simon, quiconque a été digne d'être maître exaltera toujours avec empressement et joie le disciple qui l'aura dépassé.

» Un seul sentiment, disait Bazard en terminant, m'inspire en ce moment, le désir ardent de vous rappeler à vous et à nous. Au commencement de cette lettre, je me suis occupé de vos idées, j'ai eu tort peut-être, car je le répète, elles ne sont évidemment pour rien dans la situation où vous êtes. Laissez-les donc un moment de côté ces idées[1], n'entreprenez point de revenir sur vos raisonnements, revenez bien plutôt sur vos sentiments; examinez votre cœur, descendez-y consciencieusement, religieusement, et il est inévitable que vous ne soyez bientôt ramenés à ceux qui se plaisaient, quoique vous en disiez, à vous regarder comme des frères; qui s'étaient accoutumés à l'idée de vous voir partager leurs travaux, et faire face avec eux aux obstacles qu'ils ont à combattre, et aux dangers qui les menacent peut-être.

» Nous vous attendons, Messieurs; le jour où vous nous reviendrez sera un beau jour pour nous tous, et surtout pour moi, si j'ai pu contribuer à le hâter. »

Ce désir et cet espoir devaient rester vains: Boulland et ses amis ont été, comme Buchez,

1. Dans la partie de sa lettre où il avait discuté les idées émises par les dissidents, Bazard leur disait :

« La définition que vous donnez de Dieu ne se distingue en rien de la définition catholique, si ce n'est pourtant qu'elle est beaucoup moins complète et moins régulière, ce qui d'ailleurs ne détruit point la similitude. Or, il me semble que cette circonstance seule, si vous l'aviez remarquée, aurait dû vous avertir que vous étiez engagés dans une mauvaise voie, vous qui prétendez admettre le progrès pour la société; car, il est bien évident que s'il n'y a rien à changer à la conception catholique sur la nature et les attributs de Dieu, il n'y a pas non plus de progrès *social* à faire pour l'humanité; je dis que cela est évident, pour ceux du moins qui comprennent la relation qui existe entre l'ordre social et la conception religieuse. »

définitivement séparés de l'école saint-simonienne.

Le mois de janvier 1830 fut marqué par deux événements douloureux pour la famille nouvelle : la mort d'Eugène Rodrigue et celle de Vandermarck [1].

Le vide que la doctrine éprouvait, en perdant Eugène Rodrigue, fut dignement apprécié par Duveyrier, dans une lettre adressée à Rességuier, et qui parut dans l'*Organisateur* du 31 janvier. Cette lettre commençait ainsi :

« La nouvelle de la mort de notre frère Eugène

1 « Vandermarck avait été amené vers nous au commencement de 1829 par son beau-frère E. Laglandière, frère d'Élisa. C'était un de nos bons fils, ardent, aimant, généreux. Avant de nous connaître, il avait entrepris une affaire qui lui pesait beaucoup, et dont il chercha à se défaire du moment où il fut à nous : il venait de faire construire dans sa fabrique une machine à vapeur; un soir, il était allé, comme à l'ordinaire, visiter son établissement; en s'approchant de la machine, il fut pris par son habit, et en un instant le malheureux fut broyé par elle.

» Laglandière, à qui j'écrivis de suite (c'était pendant la maladie de mon père et je ne pus pas aller à l'enterrement), me répondit que sa sœur éprouverait quelque consolation à me voir; je m'y rendis.

» C'était la première fois que j'exerçais réellement la fonction sacerdotale, et ce jour était grand pour moi, j'en sentis toute la sainteté, et sans doute ma figure le prouvait, car je fus reçu vraiment à ce titre par la famille, qui, au moindre désir que je manifestai, me laissa seul avec Élisa. »

(*Note d'Enfantin.* Ménilmontant, 8 oct. 1832.)

vous a été transmise. On ne vous a laissé ignorer aucun de ces douloureux détails qui, dans un pareil événement, devaient intéresser votre affection fraternelle.

» Quant à moi, c'est d'Eugène même que j'éprouve le besoin de vous parler, d'Eugène tel que nous l'avons connu, sous la forme que Dieu lui avait donnée au milieu de nous, de cet Eugène qui vous a tiré du vide où vous étiez plongé, et que vous vous faisiez une si douce fête d'embrasser à votre arrivée à Paris, de cet Eugène qui n'a pas cessé de vivre, comme il nous l'annonça si souvent dans nos tendres entretiens, et comme il nous l'atteste à nous tous aujourd'hui, en imprimant plus vivement que jamais son image en nous-mêmes. Chacun de nous, en face de ce vivant souvenir, trouve une douce consolation à rappeler ce que notre frère a déjà été et ce qu'il désirait être. C'est chanter ses louanges que de raconter ce qu'il nous a montré de son éternelle vie ; et dire quelles furent ses espérances, c'est le glorifier dans ses joies présentes, et dans toutes celles que Dieu lui prépare. C'est là le tribut de tendresse que l'église saint-simonienne doit à ses enfants qui cessent d'être visibles pour elle, et je sens par tous les sentiments qu'Eugène a engendrés en moi, par l'affection et la confiance intime qu'il me témoigna, que c'est à moi, plus qu'à tout autre, de prendre la parole.

» Vous savez qu'Eugène n'avait pas vingt-trois ans, et qu'il était un de ceux qui avaient accompli le plus de travaux. Converti par son frère Olinde, à l'époque où la doctrine de Saint-Simon entra bien complétement dans la voie religieuse ouverte par la dernière parole du maître, notre cher Eugène, depuis ce temps, n'a pas cessé de marcher en tête de tous les mouvements de l'école, c'est ce qui ne fut pas alors généralement senti, et c'est un devoir pour nous de l'avouer aujourd'hui. »

Enfantin rendait lui-même, peu de jours après, un pareil témoignage à la mémoire d'Eugène Rodrigue [1], dans une lettre à Thérèse, datée de Ménilmontant, où il était alors retenu par une grave maladie de son père, et qui contenait, à ce sujet, des détails fort intéressants sur la puissance du lien qui unissait les membres de la famille naissante :

« Pas un mot de toi depuis bien longtemps, ma chère Thérèse, disait Enfantin, et cependant j'avais plus besoin que jamais, pendant cette quinzaine,

1. Eugène Rodrigue fut enterré au Père-Lachaise, à côté de Saint-Simon.

de me sentir près de tous ceux qui m'aiment. Saint-Cyr et Camille vous ont tenu au courant de la maladie de mon père; tous deux ont été d'un zèle, d'une assiduité qui nous ont été fort utiles; Saint-Cyr a passé plusieurs nuits, et c'est un garde-malade excellent, toujours l'œil ouvert. Papa d'ailleurs le voyait avec plaisir, l'écoutait, il n'y avait même à peu près que lui et moi qui pussoins, avec M. Péraudin, lui faire faire ce qui convenait. Je pense que Saint-Cyr n'aura pas manqué de vous donner beaucoup de détails sur cette maladie, et principalement sur la manière dont papa a été traité par la doctrine. Jamais prince n'a été entouré comme il l'était, et ce n'est que par ces soins extraordinaires que cette guérison miraculeuse a été obtenue. Un médecin près de son lit chaque nuit, Saint-Cyr, maman ou Edouard Liévrel et moi préparant les cataplasmes, tisanes, sinapismes, vésicatoires. Deux doctrinaires de planton dans une autre chambre, toujours prêts à trotter à Belleville ou à Paris, chez l'apothicaire, ou chez Péraudin. Enfin, constamment quatre ou cinq personnes sur pied; voilà le service qui a été organisé auprès de la personne du père de l'un des chefs de la doctrine; c'est à elle c'est à Saint-Simon que papa doit la vie.

» Au moment où cette maladie m'a appelé ici, nous venions d'être frappés dans la doctrine d'un événement dont je comptais te faire part. L'un des disciples les plus ardents de Saint-Simon, l'un de nos meilleurs frères, celui qui avait fait faire, depuis un an, le plus de pas à la doctrine, Eugène Rodrigue, après une maladie de huit jours, nous a quittés. L'*Organisateur*, que tu auras sous les yeux en même temps que cette lettre, renferme une lettre de Duveyrier qui te donne les détails de cet événement. — Hier encore nous avons rendu les derniers devoirs à l'un de nos frères (Vandermarck), mort d'une manière affreuse, broyé par la roue d'une machine à vapeur, dans une fabrique qui lui appartenait; il laisse une jeune femme et un enfant; heureusement il avait de la fortune. Nous apprenons au même instant la mort d'un Anglais qui nous donnait de grandes espérances (Tooke), quoiqu'il ne fût pas complétement à nous, et qui, dans un accès de fièvre chaude, s'est détruit.

» Et nous disons gloire à Dieu! gloire à Dieu qui nous met en présence de la mort pour nous révéler plus clairement la vie éternelle. Gloire à Dieu qui éclaircit nos rangs pour nous apprendre à les serrer davantage; et, en effet, chaque jour les membres de la doctrine saint-simonienne se rapprochent de plus en plus, pour ne former qu'un seul corps; mes fils de doctrine soignent mon père comme s'ils étaient ses enfants, nous entourons la famille d'Eugène comme si elle était la nôtre... »

En venant faire part à sa cousine des consolations et des jouissances dont ses fils de doctrine l'entouraient, Enfantin n'avait pu s'empêcher de lui reprocher à elle-même le silence qu'elle gardait envers lui dans cette circonstance. Ce silence persistant, il voulut tenter un dernier effort pour la convertir à la religion nouvelle, et il composa, dans ce but, une lettre sur la *persuasion* qui est l'une des plus belles de sa correspondance apostolique. Nous n'en citerons que quelques passages pour justifier cette appréciation :

« Oui, Saint-Cyr a bien raison d'envier le don de la *persuasion*, ma chère Thérèse, car c'est à ce signe que se reconnaissent les envoyés de Dieu, les *enseigneurs* des hommes, les véritables prêtres. Il a raison, aussi, quelques siècles plus tôt, Saint-Cyr aurait-il été un des plus dignes enfants de l'Église, comme il a été, comme il est encore, un des plus dignes défenseurs de la *liberté*, comme il serait un des plus zélés *saint-simoniens*, s'il était plus jeune. Dieu fait ce présent sublime, celui de la *persuasion*, aux hommes auxquels il a confié la destinée de la sainte famille humaine ; c'est à ce signe qu'il veut qu'on les reconnaisse. Il en existe aujourd'hui, car Dieu ne laisse jamais ses enfants sans guide. Crois-tu que Napoléon, Voltaire ou Mirabeau, Luther lui-même, auraient pu *persuader*, entraîner les peuples de l'Europe, s'ils n'avaient pas tenu le langage que Dieu voulait faire entendre ? Son amour infini ne nous a pas trompés ; que ta foi en lui s'élargisse ; cesse de croire au *démon*, à Satan ; ne lui donne pas une puissance qu'il n'a pas ; Jésus-Christ n'a-t-il pas dit qu'il en avait triomphé, qu'il avait vaincu le monde ?...

» Sais-tu pourquoi tu ne crois pas à la parole nouvelle que Dieu prononce par nous ; sais-tu pourquoi, quand tu nous lis, nous te faisons alternativement plaisir et peine ? — C'est parce que tu crois à Jésus, me dis-tu. — Eh bien ! non, c'est parce que tu crois à Satan autant qu'à Jésus-Christ ; c'est parce que tu crois aux *menaces* autant qu'aux promesses ; c'est que tu es encore sous la loi de CRAINTE et d'ESPÉRANCE, et que tu ne crois pas à la RÉALISATION *de la loi* d'AMOUR, au règne de Dieu sur la terre, préparé par Jésus, *attendu* par toute l'humanité, réalisé par Saint-Simon.

» Oui! mon amie, notre foi est plus FERME que la tienne, elle est plus ÉCLAIRÉE, elle est plus *tendre*.

» Elle est plus FERME, car nous ne croyons plus à une puissance rivale de celle de Dieu, à une puissance rivale de celle de l'Église, nous ne croyons ni à Satan, ni à César, nous ne composons plus avec un mauvais *principe* ou un pouvoir impie, nous ne reconnaissons qu'un seul *principe*, Dieu lui-même; il n'y a pas pour nous de pouvoir impie, tout pouvoir vient de Dieu; aussi les papes et les rois n'en ont-ils plus aujourd'hui.

» Notre foi est plus ÉCLAIRÉE que la tienne, car elle n'est plus sollicitée par deux forces *contradictoires*, mais par deux forces *amies;* nous ne croyons plus à l'empire du mal. Dieu n'a pas divisé ainsi son royaume; il faudrait pour cela qu'il se fût divisé lui-même, or, il est UN, INFINI, INDIVISIBLE; *l'esprit et la chair* ne font qu'UN, l'ÊTRE! celui qui *fut* et celui qui *sera* ne font qu'UN, CELUI QUI EST, le *passé* et l'*avenir* ne font qu'UN, et cette UNITÉ de temps, grand Dieu! c'est ton ÉTERNEL PRÉSENT, c'est la VIE.

» Enfin, notre foi est plus *tendre* que la tienne, car nous ne doutons plus de l'amour de Dieu pour nous, nous sentons qu'il n'est plus jaloux et vengeur, qu'il ne saurait punir ni récompenser, effrayer ni tenter, et que, si l'homme promet et prie, craint et désire, c'est qu'il ne peut pas, comme Dieu, se donner tout à lui-même, c'est qu'il ne peut pas, comme Dieu, en s'aimant, aimer *tout ce qui aime*.

» Et comment peux-tu dire que nous rêvons, nous qui appelons les hommes à *réaliser* le règne de Dieu sur la TERRE? Nommes-nous rêveurs, si nous affirmons que les hommes se déchireront toujours, qu'ils auront toujours des chefs détestés, ignorants, inhabiles; que le fils du pauvre sera toujours pauvre, parce qu'il est fils du pauvre; le fils du riche, toujours riche, parce qu'il est fils du riche; nommes-nous rêveurs, si nous disons que la vierge aimante sera toujours vendue, parce que l'amour ne donne ni le droit électoral, ni même du pain; nommes-nous rêveurs, si nous voulons que tous les enfants de Dieu ne reconnaissent jamais de guides, de chefs, de maîtres, si nous leur parlons toujours de liberté, et jamais d'autorité et d'obéissance; nommes-nous rêveurs, si nous sommes libéraux; car ils ne *songent* qu'à *détruire*, et désormais la *guerre* ne sera plus qu'un des vieux *rêves* de l'humanité.

» Dis aussi que nous nous payons d'illusions, que notre imagination se forge des utopies, si, fils de Platon et du Christ, nous *rêvons* un monde de pur ESPRIT, dont la CHAIR soit bannie, un monde où l'on n'arrive que par l'*abstinence*, la *pauvreté* et le *célibat*; un monde vers lequel nous porterait notre *esprit*, mais dont notre *chair* tendrait sans cesse à nous éloigner ; nommes-nous rêveurs, si nous regardons la *force* que Dieu nous a donnée, la matière qu'il a livrée à notre *force*, les fruits, les fleurs, les parfums, les sons dont il charme nos sens, les formes qui nous ravissent, comme des piéges qu'un génie malfaisant a placés partout sur nos pas.

» Mais nous qui voulons aussi la *liberté*, puisque nous réalisons le règne de l'*amour*, nous qui voulons la *chasteté* puisque nous appelons le règne de la *beauté*, nous qui voulons la *continence*, puisque nous désirons le règne de la *force*, nous qui voulons l'*économie* puisque nous promettons à l'humanité la *richesse*, ne nous nommes pas rêveurs, car nous aurons :

Liberté	Chasteté	Continence
l'*autorité* et l'*obéissance*,	la *vertu* et le *mariage*,	l'*appétit* et la *jouissance*

Économie

le *travail* et la *consommation*.

» Vous tous, libéraux et catholiques, vous rêvez, car vous ne songez qu'au *passé;* mais nous ne rêvons pas, nous, car nous voyons *dans le* PRÉSENT, le *passé* et *l'avenir;* et nous séparons toujours le passé de l'avenir, distinguant ce qui est *rétrograde* de ce qui est *progressif;* et nous *enterrons le mort* et nous *baptisons* le NAISSANT; nous ne rêvons pas; car nous seuls voyons Dieu, *celui qui* EST; nous seuls pouvons dire : Voilà ce qui *fut,* voilà ce qui *sera;* ceci est *mauvais,* ceci est *bon,* ceci est *vicieux,* ceci est *vertueux;* et nous pouvons juger tous les *morts*, car nous sommes VIVANTS, et nous jugeons, nous nous classons entre nous, car nous sommes *aimants*; et nous marchons sans crainte vers l'avenir parce que notre amour *progressif* nous révèle, à chaque instant de notre immortelle vie, ce que nous devons faire et ce que nous ne devons plus faire pour nous rapprocher de Dieu. »

L'extension que prenait la propagation du saint-simonisme créait à l'école des besoins nouveaux pour ses publications et ses réunions. Il fallut s'occuper de trouver des ressources pécuniaires pour le présent et pour l'avenir. Un appel fut fait aux fidèles et aux amis à qui leur fortune permettait de témoigner, par des sacrifices, de la sincérité de leur attachement à la doctrine. Enfantin disait déjà dans le collége ce qu'il écrivit plus tard pour les enseignements de la famille :

« Dépouillons-nous au plus vite, disait-il, de
» l'hypocrisie dont l'ancien dogme, ennemi des
» *richesses* et de la *chair*, a fait une habitude
» au vieux monde. Aujourd'hui l'on demande sans
» rougir l'*aumône* des *idées*, on croit honorer
» celui de qui on la réclame, et l'on se glorifie
» soi-même de savoir confesser modestement la
» *pauvreté* de son *esprit* et le besoin avide qu'on
» éprouve d'en accroître les richesses ; mais il
» n'est pas aussi facile de parler *d'argent* entre
» les hommes ; ici, toutes les relations changent,
» et ce qui était noble et beau quand il s'agissait
» des *richesses* de l'*esprit*, devient ignoble et sale
» quand il s'agit de *Satan*, quand il s'agit *d'ar-*
» *gent*, et pourtant, le PRÊTRE du CHRIST a su
» quêter noblement pour les *frais du culte* et pour
» les *pauvres* ; comment donc nous, qui avons un
» DIEU que nous glorifions dans sa *chair* comme
» dans son *esprit*, ne porterions-nous pas plus
» noblement, plus sainement encore que le CHRÉ-
» TIEN, notre requête aux *riches* de la *terre*, pour

» les *frais du culte* nouveau, pour les besoins de
» *la classe la plus pauvre et la plus nombreuse?* »

Et, mettant en action cette pensée aussi vraie que hardie, Enfantin écrivait à Rességuier, le 30 janvier 1830 :

« Mon cher frère, il est temps de donner à la doctrine, pour la compléter, le caractère d'association industrielle que comporte notre époque. Le premier essai sera sans doute incomplet, bâtard, car nous sommes tous, comme vous, plus ou moins liés à un passé qui tend à s'éteindre, mais qui nous retient encore dans des voies qui ne sont pas celles de la doctrine.

» Duveyrier vous a dit que je pensais demander à l'église du Midi 1,000 fr., mais j'aurais désiré que vous-même m'indiquassiez à l'avance ce que je pourrais attendre de vous tous. Vous avez certainement agi selon la doctrine en disant : *Imposez-nous*, mais n'oubliez pas que la doctrine n'est pas, en 1830, ce qu'elle sera sans doute dans un siècle, que nous ne connaissons même pas aujourd'hui la *richesse* de nos frères, aussi bien que, dans l'avenir, le clergé connaîtra la *capacité industrielle* des fidèles. Aussi dois-je m'attendre à recevoir cette année de vous quelques détails sous ce rapport, détails qui m'auraient été nécessaires pour *imposer*. Vous m'avez promis de me parler de vous pendant votre séjour à Paris, cela ne nous suffit pas; vous aurez à me parler de toute votre église.

» J'aime à vous tenir au courant des événements qui nous font de plus en plus chérir la doctrine, je dois donc vous parler de celui qui me retient en ce moment hors de Paris, la maladie de mon père, parce que, dans cette circonstance, le Père Enfantin a été largement payé de son affection pour ses fils en Saint-Simon. C'est à moi à *donner* doublement aujourd'hui, mon cher Rességuier, car j'ai reçu au moins autant qu'il m'était possible d'espérer. Chaque nuit un médecin (Jallat ou Dugied)[1] était près de mon père, et deux de nos frères veillaient avec moi; tous les amis de ma famille *chrétienne* étaient dans l'admiration devant les témoignages d'affection que je recevais; ma mère

1. Dugied, plein de jeunesse, d'intelligence et d'énergie, avait appartenu aux sociétés secrètes de la démocratie. Au retour d'un voyage qu'il avait fait à Naples, avec Joubert, beau-frère de Bazard, et pendant lequel ils avaient pu se procurer les statuts du carbonarisme italien, il avait pris une grande part à l'établissement de la charbonnerie en France. Au lieu de désespérer du progrès social, après 1823, sous le coup du triomphe du parti rétrograde dans toute l'Europe, il suivit Bazard dans la voie des améliorations sociales par la toute-puissance des idées organiques, et il embrassa la doctrine qui proclamait qu'on ne détruit bien que ce qu'on remplace.

m'aimait je crois davantage, en voyant que j'étais tant aimé, et sa famille s'augmentait pour elle, comme celle d'une mère qui embrasse les enfants de son fils. »

Après avoir écrit au disciple enthousiaste sur la question délicate de l'*argent*, Enfantin s'adressa aux amis plus ou moins ardents, restés étrangers à l'*Église*, tels que Dufresne, Vieillard, Thibaudeau, Bontems, etc. ; nous lisons ce qui suit dans sa lettre à Dufresne :

« Moi, Duveyrier, d'Eichthal, Carnot et Péreire qui sommes parmi les membres de la doctrine ceux dont la position pécunière est la meilleure, nous sommes chargés des intérêts temporels de la doctrine. *L'Organisateur*, les deux volumes que nous publierons cette année, notre salle de la rue de Taranne, des correspondances actives, un logement convenable pour des réunions quotidiennes (nous venons de le louer dans la maison où est *le Globe*, au-dessous de lui), en voilà plus qu'il n'en faut pour vous faire concevoir que nous avons dû, depuis quelque temps, prendre nos mesures pour subvenir à toutes ces dépenses; nous l'avons fait, nos meilleurs frères en Saint-Simon ont été avertis et ont répondu à notre appel ; je suis sûr que vous en éprouverez une joie vive; car c'est une preuve de nos progrès, et il y a quatre ou cinq ans nous aurions cru être bien exagérés en concevant pour aujourd'hui des espérances pareilles. . . . . .

» Mon cher Dufresne, que faites-vous de ce que vous avez d'amour, d'intelligence et de fortune? Ce n'est pas un reproche que je vous adresse ou une leçon de doctrine. Vous aimez la doctrine, vous la connaissez, et cependant vous la savez à peine, car, les travaux qu'elle fait, vous ne pouvez les suivre; vous aimez la doctrine, et cependant vous la laissez se produire, agir, vivre, sans vous mêler à ses actes, sans vous inquiéter de ses joies et des difficultés qu'il lui faut vaincre; je le répète, ce n'est pas un reproche que je vous fais, puisque à presque tout ce que je vous dis là, je me réponds pour vous : *La santé*.

» Mais qui vous dit que votre santé même ne trouverait pas un soutien, un aliment dans la doctrine? . . . .

» Notre cher Vieillard est presque au point où vous en êtes; il croit, lui qui professe tant d'admiration pour ce qu'il appelle *la doctrine*, qu'il peut et doit vivre dans une vie à peu près individuelle, et nous laisser faire chacun de notre côté ce qu'il fait du sien ; il crie contre la critique, et il a des habitudes critiques ; il prêche l'ordre, et il a peur de perdre avec nous sa liberté ; il veut une doctrine unitaire, liante, sociale, et il est toujours *seul* de son opinion [1], toujours luttant (pour la doctrine, il est vrai) dans les salons où il n'y a pas société.

» La solitude est le refrain des poëtes critiques et des chrétiens qui gémissent. Lamartine dit en parlant de Dieu : c'est au fond des déserts que je vais le chercher ; mais nous, qui ne devons pas être les poëtes de la mélancolie, nous qui avons sans cesse à dévoiler aux hommes des joies nouvelles puisées dans leur *amour croissant*, les uns pour les autres, pouvons-nous attendre autre chose que le néant et l'erreur, de la solitude ?

» Il y a deux manières aujourd'hui d'être seul pour un saint-simonien ; c'est de fuir tous les hommes, c'est aussi de vivre avec ceux qui n'ont pas été éclairés par la parole nouvelle. Être seul, c'est ne pas vivre avec nous. »

En relisant, trois ans après, cette lettre dont

1. Vieillard, le meilleur des hommes, aussi distingué par l'esprit que par le cœur, était destiné à vieillir dans l'isolement de ses opinions personnelles. Il s'y montra fermement attaché dans une circonstance mémorable, le jour où son ancien et vif attachement pour le prince L.-N. Bonaparte ne put l'empêcher de voter *seul*, dans le sénat, contre le rétablissement de l'Empire, bien que cette restauration fît monter au rang suprême l'unique candidat dont il eût désiré l'élévation politique.

nous ne reproduisons que la moindre partie, Enfantin la trouvait *bonne*, et il ajoutait : « Elle a été d'un effet nul, quant au pauvre Dufresne, qui a traîné encore quelque temps sa vie épuisée, mais elle a contribué puissamment au développement du diaconat dans notre sein [1]. »

La lettre d'Enfantin à Thibaudeau, écrite dans le même but, était plus brève, plus familière ; on en jugera par ces quelques lignes :

« On me dit que vous amassez des montagnes de billets de banque, que sous vos heureuses mains le sable devient or, que vous retirez autant des mines d'Espagne, qu'Aguado a pris dans les mines de France, et la doctrine ne s'en doute pas ; et *l'Organisateur*, qui ne vend pas de cristal, ni surtout de *flint*-glass, mais qui fournit les meilleurs télescopes du monde pour voir le passé et l'avenir, ne sait pas si vous êtes content, si vous vous servez utilement et agréablement de celui qu'il vous a vendu ! C'est très-mal à vous, et à Bontems, qui devrait nous donner au moins autant de soirées qu'il en accorde à la bouillotte de Gramagnac, et à madame Malibran, qui, après tout, n'est qu'une prêtresse critique.

1. Note du 4 janvier 1833, à Sainte-Pélagie.

» Puisque la veine est bonne, profitez-en ; mais si vous n'êtes pas de l'église nouvelle, soyez du moins un de ses fidèles. Un fils soumis, affectueux, attentif, doit venir voir quelquefois ses pères et grands-pères, qu'il faut toujours honorer, pour vivre longuement, disait l'Église. . . . .

» Mes chers frères, en qualité d'archidiacre de la doctrine, chargé spécialement de la direction de ses intérêts temporels, je vous enverrai un de ces jours notre frère, le diacre Péreire, pour faire la quête à Choisy. Préparez vos offrandes, faites et vendez quelques verres de plus, que les besoins de la doctrine soient pour vous un excitant et vous préparent de nouveaux succès ; arrosez la vigne du Seigneur, car nous vous appellerons toujours pour en manger les fruits avec nous. »

Les besoins matériels de l'école qu'Enfantin indiquait à Rességuier, à Dufresne et à Thibaudeau (*publication de l'Organisateur, impression de deux volumes d'exposition de la doctrine, loyer des salles de réunion*, etc.) ne le détournaient pas de sa correspondance pour la discussion et la propagation des idées. Eugène Rodrigue, au moment de sa mort, avait ouvert des relations doctrinales avec un anglais, Burns, qui bien pénétré de la nécessité d'une régénération morale et religieuse, penchait néanmoins vers les réformateurs qui la croyaient possible, sans toucher au dogme.

Enfantin, continuant l'œuvre d'Eugène Rodrigue, écrivit à Burns, dans les premiers mois de 1830, une longue lettre qui n'était que le developpement d'une pensée, dominante en lui, et qu'il résumait ainsi :

« Vouloir établir l'union entre les hommes est une excellente chose ; s'efforcer d'atteindre ce noble but, sans s'occuper du DOGME que professeront ces hommes, c'est vouloir les *agglomérer*, mais non les UNIR ; on pourrait dire que la vue *théorique* de ces réformateurs est celle d'un *catholicisme* régénéré, tandis que la vue *pratique* reste toujours *protestante*.

» Ce qui est *pratique* dans le christianisme, est comme tout ce qui est pratique, la réalisation d'une *théorie*, d'un *dogme*. Que si le *dogme* chrétien est vieilli, après avoir régné tant de siècles sur le monde, il faut en changer, il faut lui substituer une *théorie* de l'homme et de la société, une science de Dieu ou *théologie* nouvelle, mais il n'est pas possible de croire que des hommes puissent s'*unir* s'ils ont des croyances différentes sur l'*être* homme, sur l'*être* social, sur l'*être* divin.

» Vous le savez, Monsieur, bien des gens que vous combattez comme nous, bien des athées ont poussé leurs prétentions *philanthropiques* plus loin que les réformateurs dont vous parlez ; ils ont dit, comme eux : pourquoi un *dogme?* et ils ont ajouté pourquoi un *culte?* pourquoi *des prêtres?* pourquoi un Dieu? Ils ont voulu unir les hommes par une *morale*, et ces hommes se sont dévorés. »

Suivait une puissante argumentation [1] qu'Enfantin terminait par un appel fraternel :

« Une correspondance active entre nous portera un jour ses fruits; nous pourrons bientôt, je l'espère, nous encourager en nous communiquant les idées et les faits qui favoriseront en France ou chez vous les progrès des destinées humaines. Tel n'a pas encore été le caractère de nos relations il est vrai, mais nous devions nous assurer les uns et les autres à l'avance que nous marchions vers un but commun, et il ne suffit pas pour cela de se connaître réciproquement des intentions pures et généreuses, il faut savoir avant tout si les *espérances* qu'on veut de part et d'autre *réaliser* sont les

1. La lettre à Burns sera publiée intégralement.

mêmes, si l'on obéit à une même *pensée*, au même *dogme*, à la même *doctrine*. »

Enfantin faisait plus alors que discuter et enseigner une théorie, il la mettait en pratique; il commençait à exercer, comme il l'a dit dans ses notes, la fonction sacerdotale auprès de la veuve et de la famille de Félix Vandermarck, dont la mort avait été si soudaine et si horrible. Vandermarck avait une sœur, madame Alluaud, qui habitait Limoges. Enfantin, la sachant accâblée par la douleur, entreprit de relever son courage.

« Madame, lui dit-il, l'homme que votre cher Félix nommait, avec tant d'affection, son père en Saint-Simon, éprouve le besoin de vous écrire.

» J'ai lu plusieurs de vos lettres à la chère Elisa (la veuve de Vandermarck), j'y ai trouvé ce dont il m'avait parlé si souvent, un cœur si bien fait pour le sien, une sœur pleurant comme la plus tendre mère; et je vous ai rendu, pour Félix, mille actions de grâces, en lisant les paroles d'amour que vous faisiez entendre à sa veuve désolée.

» Ecrivez-lui souvent, Madame, et pour elle et pour vous, toutes deux vous avez besoin de sentir uni, de lier intimement ce que ce pauvre ami ne séparait pas dans son cœur, ce qu'il chérissait si ardemment, ce qui faisait toute sa vie. A chaque instant n'était-il pas tout à son Élisa, tout à sa sœur, comme il était tout à Saint-Simon? Aimez-vous comme il vous aimait, et laissez-moi vous tendre une main fraternelle, Félix sera content de vous.

» Félix sera content de vous!... Et cependant j'ai vu dans une de vos lettres cette idée cruelle : il n'est *plus d'avenir pour lui*. Ah! comme il a pleuré avec vous lorsque vous écriviez ces paroles douloureuses; et qui donc si ce n'est lui, au moment où je les lisais, m'a pressé de raffermir votre foi défaillante? Qui donc m'aurait dit ce que j'écris à mon tour : *ma sœur a besoin de moi*, si ce n'était ce cher Félix qui vit en moi, et qui veut avoir en nous un avenir que votre désespoir lui refuse! Quoi! vous, si confiante dans la bonté de Dieu, vous pourriez penser que celui qui, pendant sa vie d'un jour, avait sans cesse les yeux fixés sur le lendemain éternel de bonheur qu'il annonçait à ses frères, vous pourriez penser que ce nouveau jour ne serait pas fait pour lui! A qui Dieu aurait-il réservé une aussi belle récompense?

» Je vous écris comme à une sœur, le pourrais-je, si je n'avais la ferme conviction *qu'en ce moment même*, notre cher fils établit entre *vous et moi* le lien d'affection, de confiance, qui nous unissait déjà, *vous et moi* dans son cœur? Aurais-je pu, aurais-je dû m'approcher de cette pauvre Élisa qui ne me connaissait que par lui, et, la première fois que je la voyais, prendre près d'elle la place de l'amitié la plus tendre, si je n'avais pas senti que cette amitié était une partie de Félix lui-même, qui nous avait déjà rapprochés en lui, et que la mort n'avait fait que développer cette portion si chère de sa propre vie? Oui, Félix jouit des efforts que je fais et que je ferai sans cesse pour donner ma vie nouvelle aux deux êtres qu'il aimait de toute la puissance de son âme ; il voit qu'il ne s'était pas trompé lorsqu'il comptait sur moi, lorsqu'il croyait en moi; ah! croyez-moi aussi, il est encore un avenir pour lui.

» J'ai prié votre sœur, que vous nommez tendrement votre fille, de vous écrire souvent ; elle le fera, elle sait qu'elle remplit par là les désirs de l'ange à qui Dieu avait confié son bonheur, et qui, par vous, par moi, par tout ce que son ange aimait, veillera toujours sur elle. »

Cette lettre (février 1830) coïncidait avec une autre, adressée à la malheureuse veuve elle-même, et terminée par une admonition paternelle où l'apôtre révélait à sa fille désespérée la grandeur et la puissance des consolations qu'elle devait chercher et trouver dans le sein de la doctrine nouvelle.

« Vous ne m'avez pas bien compris, chère fille, disait Enfantin, quand je vous demandais de sortir, au moins par la pensée, du cercle étroit auquel vous êtes habituée. Parler de ses chagrins, de ses joies, de ses espérances, c'est une bonne chose, sainte et utile, mais dans le confessionnal. Parler des joies et des chagrins des autres, voilà aussi une chose sainte, et il ne faut pas la négliger, sous peine de ne pas sortir de l'égoïsme, c'est-à-dire de l'enfance. Ce que vous m'écrivez de madame Dailly me fait plaisir, parce que vous entrez là dans la voie que je vous recommande ; madame Dailly est une *autre*, et vous paraissez disposée à la faire entrer dans votre petit cercle d'affection. C'est le moyen de grandir, puisque, pour être vraiment grande, il faut s'occuper autant des autres que de soi-même, s'aimer pour eux, et les aimer pour soi ; les aimer pour eux, et s'aimer pour soi : on est grand lorsqu'on fait marcher toujours ces sentiments deux à deux. Mais je veux que vous grandissiez encore plus, et, par exemple, je vous avais engagée à lire les épîtres et les actes des apôtres, pour y voir ce que les hommes chargés par Dieu, il y a dix-huit cents ans, de régénérer l'humanité, ont fait pour atteindre ce but, afin que vous puissiez me dire comment vous comprenez ce qu'il y aurait à faire aujourd'hui, non-seulement pour vous régénérer vous-même, mais encore pour régénérer l'humanité tout entière qui semble prête à mourir d'égoïsme, comme au temps où Jésus lui redonna la vie, une vie nouvelle, une vie plus grande que celle que Moïse et tous les chefs des sociétés antiques lui avaient donnée.

» N'avons-nous plus d'esclaves à affranchir ? Et je ne parle ici, ni des nègres spécialement, ni des serfs de la Russie ; je parle de tous ces hommes qui meurent à la peine tandis que d'autres vivent et meurent plus misérablement encore dans une splendide *oisiveté !* Et nos femmes, ne les vend-on pas ? les vierges ne sont-elles pas, pour un peu d'or, attachées à des êtres dégradés, immoraux, qu'on leur dit être leur moitié ? Nos pauvres enfants, combien en est-il sur le front desquels est empreinte la marque du génie, et qui végètent parce que leurs malheureux pères ont à peine eu du pain pour les nourrir, parce que le lait de leur mère a été tari par les larmes, parce que l'instruction et l'éducation surtout leur ont manqué plus encore que le pain. Parlez-moi d'eux, ma fille, de ce que vous croyez que vous pourrez faire pour eux, demandez-moi quels sont nos espérances, nos efforts, je ne vous dirai plus alors que vous êtes un enfant gâté, ni même un enfant docile, vous serez femme, et c'est cela que Félix veut de vous.

» Votre père vous embrasse, chère fille. »

Après les pertes douloureuses dont le saint-simonisme avait été affligé, en janvier 1830, ses chefs durent songer à rapprocher d'eux les disciples et les néophytes qui se faisaient le plus remarquer par le progrès de leur foi, de leur intelligence et de leur activité doctrinale. L'église du Midi fut constituée et placée sous la direction de Rességuier [1], à qui Enfantin annonça son admission au collége, par une lettre du 20 février.

1. Dans une de ses lettres de janvier, Enfantin avait dit à Rességuier :

« L'Église du Midi n'est pas encore constituée, ses membres sont unis par un sentiment qui n'est pas le nôtre, notre vie ne s'est pas répandue jusqu'à eux, ils ne sont que chrétiens, puisqu'ils sont *frères*. Dès aujourd'hui, qu'ils soient vraiment saint-simoniens, qu'ils soient les fils de notre fils, les pères de tout ce qui reçoit par eux la parole de vie. Donnez le baiser de Père à Borrel l'ingénieur, à Bouffard, Combes, Encely et Marquier; notre affection les appelle au second degré de la famille nouvelle; nous les chargeons de répandre, *sous notre inspiration paternelle*, la vie saint-simonienne. »

Enfantin assignait ensuite à chacun d'eux le domaine particu-

« Mon cher Rességuier, lui dit-il, depuis longtemps nous vous donnons de pénibles nouvelles, tandis que vous nous procurez des joies qui chaque jour deviennent plus vives. L'Église du Midi marche rapidement : Marquier, Bouffard et Combes (j'ajoute aussi Gattier dont vous m'avez peu parlé dernièrement, parce que vous le confondiez sans doute avec Encely, mais dont je connais toute l'affection pour nous) forment autour de vous votre *petit mercredi*, votre concile provincial, et chacun d'eux, comme ici, a ses fidèles qu'il amène à nous.

» Nous vous embrassons chaudement Bazard et moi, et nous vous attendons avec impatience *pour prendre place dans le collége dont vous faites partie dès aujourd'hui.*

» Vos frères Duveyrier, Laurent et Margerin vous expriment par moi le bonheur qu'ils éprouvent à vous voir avec eux près de nous, à la tête de la doctrine, et tous nos fils vous recevront avec l'affection que vous avez si bien acquise par votre amour pour nous.

lier de son apostolat. Bouffard et Combes devaient propager la doctrine à Castres; Marquier, à Carcassonne et à Toulouse; Encely et Borrel, à Castelnaudary; et tous ensemble, sous l'impulsion de Rességuier, étaient chargés de sillonner le Midi et d'y semer la parole nouvelle.

» Barrault et d'Eichthal vont vous écrire, un lien nouveau vous unit à eux, tous trois entrés le même jour dans le collége, tous trois vous nous avez donné des preuves égales de dévouement pour la doctrine.

» Rodrigue attendait ce jour avec impatience, c'est un bonheur que nous lui procurons, Bazard et moi, et cela augmente le nôtre.

» Saint-Simon, Eugène et Vandermarck se réjouissent. »

Si les promotions, dans le sein de la famille nouvelle, réjouissaient les morts, c'est qu'elles attestaient l'activité apostolique et les progrès des vivants. A la fin du mois de mars, Enfantin, écrivant à Fournel qui venait de quitter Paris pour aller prendre la direction de la grande usine du Creuzot, lui donnait le bulletin de la doctrine, constatant la marche rapide de sa propagation.

« Je n'ai pas pu, lui disait-il, vous voir avant votre départ, mon cher Fournel, ni dire adieu à votre femme, à notre sœur; que je vous salue au moins, un des premiers, dans votre église nouvelle.

» Toulouse, par les soins de Marquier, va très-bien; Rességuier doit s'y rendre ces jours-ci, et ordonner quelques-uns des catéchumènes de Marquier; Castres est superbe, grâce à Bouffard et à Combes aîné; le jeune Combes, à Montpellier, fait merveille, il a conquis son professeur, Ribes, jeune homme fort distingué, qui lui-même répand déjà la parole. L'armée d'Alger aura en Bigot notre représentant; deux autres officiers du génie, Lamoricière et Chabaud-Latour, [1] ont déjà des germes de doctrine que Bigot développera.

» Un troisième degré s'organise.

» J'ai pris un beau et grand logement que j'habite avec Transon, Lechevalier [2] et Cazeaux, et où se tiendront toutes nos réunions privées, ainsi que le bureau de *l'Organisateur*. C'est dans la même maison [3] que *le Globe*.

» J'ai eu chez Chapert (que j'avais d'ailleurs déjà revu deux fois) une réunion de doctrine, pour

1. *L'Organisateur* compta aussi, parmi ses abonnés, un officier supérieur des armes spéciales, destiné à la plus haute dignité militaire et à une grande illustration, le commandant Baraguey-d'Hilliers.

2. Peu de temps auparavant, Jules Lechevalier et Saint-Chéron s'étaient abonnés à *l'Organisateur* et fait admettre aux réunions intimes de l'école.

3. L'ancien hôtel de Gèvres, entre la rue Monsigny et le passage Choiseul. La *Société des bonnes études* occupait alors le premier étage et *le Globe* le troisième. *L'Organisateur* s'établit au second, et le saint-simonisme se trouva ainsi placé entre l'ancien dogme et le criticisme, sous le même toit. Un peu plus tard, la doctrine nouvelle occupa la maison entière.

continuer notre œuvre, j'y reviendrai encore malgré les immenses difficultés, parce que si la victoire pouvait être remportée, ce serait une conquête importante, notre ami exerçant de l'influence sur plusieurs esprits [1].

» Lechevalier a déjà une dizaine de néophytes à ses trousses. Il les endoctrine chaudement ; nous avons fait en lui une très-bonne acquisition. Transon va également fort bien. Filassier remue ciel et terre. Henri, ami d'Olinde et architecte, a déjà secoué les oreilles de quelques artistes ses confrères ; il est plein de zèle, et nous donnera sous peu d'excellents frères.

» Nous sommes contents ; réjouissez-vous donc.

» Alisse et Bouland élèvent autel contre autel, ils ont choisi le mercredi pour faire une jolie petite exposition de ce qu'ils appellent la doctrine.

» *La Gazette des Cultes* donne des résumés des séances de la rue Dauphine, *le Messager des Chambres* a copié le premier.

» Talabot est malade depuis un mois, il va beaucoup mieux et reprendra ses fonctions de pê-

1. M. Chapert était un ancien élève de l'École polytechnique, ingénieur des mines, et neveu, par sa femme, de Casimir Périer. Il avait été initié aux sociétés secrètes, dans le Dauphiné, et devint préfet sous le gouvernement de juillet. Il a été membre de l'Assemblée législative de 1849, où il votait avec la majorité.

cheur d'âmes dans peu de jours, avec le zèle que vous lui connaissez. Tous vos pères se portent bien, et vous préparent pour cette année au moins autant d'idées qu'ils vous en ont donné l'année dernière. Comment en serait-il autrement, puisque chaque jour on les aime davantage ?

» Rességuier va arriver bientôt ici, ce sera un beau jour pour tous. Buvez à sa santé ; nous en avons besoin. J'espère que le bonheur qu'il aura à nous voir lui donnera quelques années de plus de vie.

» Le dimanche, on se réunit en famille chez madame Bazard. Ces réunions ont déjà produit un résultat excellent, l'intimité s'accroît chaque jour entre tous. Nous aurons également rue Monsigny une pareille réunion par semaine, mais plus nombreuse.

» Les mardi, jeudi et samedi, notre salon sera ouvert le soir ; *Bazard* ou moi serons toujours de service, avec un des membres du collége et quatre fils du petit mercredi ; là, on nous amènera toutes les personnes à qui l'on parle de la doctrine ; il ne s'y fera pas d'exposition, mais des conversations et discussions particulières et générales, et quelquefois des lectures.

» J'avais commencé des conférences tête à tête

avec Dubois, du *Globe*, elles ont été suspendues par son procès ; mais notre voisinage nous les fera bientôt reprendre.

» Voilà les nouvelles de la famille. Vous devez en être avide, malgré les occupations qui doivent en ce moment vous accabler ; dès que vous aurez un peu de liberté, donnez-nous des vôtres ; nous les attendons avec impatience. Il nous tardera surtout d'apprendre que vous ayez aperçu quelques figures d'hommes autour de vous, quelque terre où l'on puisse semer la doctrine.

» Adieu ! mon cher fils, aimez-nous, donnez-nous des fils. »

A son entrée au collége, Barrault avait publié quelques bonnes pages, un appel aux artistes, sur la doctrine. Enfantin l'adressa au rédacteur en chef du *Globe*, M. Dubois, en y ajoutant ces lignes :

(Mars 1830.)

« Je vous envoie une brochure que nous venons de publier, sur laquelle je serais bien aise que vous eussiez le temps de jeter les yeux. Occupé, comme vous l'êtes en ce moment [1], il vous sera difficile, je

1. M. Dubois (de la Loire-Inférieure) était poursuivi en justice pour un article dirigé contre la réaction absolutiste et cléricale alors dominante. « Dubois, dit Enfantin, fut mis en prison quel-

le sens, de songer à nous, et cependant, d'ici à peu de temps, je serai logé près de vous, dans la même maison. J'espère que ce rapprochement me donnera l'occasion, quelle que soit l'issue du procès, de vous voir souvent et de nous entretenir d'un temps où les hommes de talent n'auront pas besoin d'en appeler au *public* de l'incapacité du *pouvoir*, où les âmes généreuses n'auront plus à prêcher la défiance, mais l'amour, parce qu'alors le pouvoir sera aux plus capables et surtout aux plus aimants.

» Vous allez vous défendre contre les attaques d'un pouvoir ignorant, dont l'existence est sans moralité, puisqu'il ne s'associe pas aux besoins du peuple, et si vous êtes condamné par vos juges, près du public vous espérez sans doute remporter la victoire, de telle sorte que les rôles sont intervertis, c'est vous qui serez juge, comme vous avez été dans *le Globe* l'accusateur.

» Est-ce là vraiment une société ! Occupez-vous la place que mérite celui qui est capable de juger les rois, de diriger les peuples? Vous sentez-vous assez fermement assis sur la chaire libérale pour

ques jours après, ce qui interrompit des réunions commencées par l'intermédiaire de His, ami d'Eugène, qui l'amena une seule fois chez moi. Nous eûmes une bonne conversation de trois heures qui roula sur l'histoire et sur les dogmes. » (*Extrait d'une note, datée de Sainte-Pélagie, 4 juillet* 1833.)

oser vous écrier : *Et nunc intelligite, reges*, et lancer les foudres de l'excommunication, même contre un Polignac ? Non. Vous avez déjà vu les amis, à la tête desquels vous pensiez marcher, trembler de votre audace ou bien en être jaloux ; le présent vous manque encore ; si vous étiez certain que l'avenir fût à vous ! Mais que sera-t-il cet avenir ? peut-on y songer quand on est absorbé par une lutte quotidienne avec le passé ! Est-ce en déchirant un cadavre, qu'on peut apprendre ce que c'est que la vie ? »

La brochure de Barrault offrit aussi à Enfantin l'occasion d'un nouvel envoi à Constantinople pour le docteur Bailly. Il reprit, dans sa lettre [1], son argumentation de 1827 sur les questions religieuses, en s'attachant à réfuter, sous une forme de plus en plus vive, les objections derrière lesquelles le docteur s'était retranché, en invoquant l'autorité du *Globe*.

« Vous citez *le Globe* pour modèle de conduite, disait Enfantin ; *le Globe*, où vous ne voyez pas de *mysticisme* parce que vous n'y avez pas lu sou-

1. Cette lettre (avril 1830), fort longue comme la première, est encore plus saisissante et plus persuasive. Elle renferme en outre quelques portraits dans lesquels Enfantin s'appliquait à faire connaître à Bailly et à bien caractériser les principaux rédacteurs de *l'Organisateur* et les nouveaux membres du collége.

vent le mot *Dieu*, et qu'il vous parlait sans cesse de la *conscience*, de la *raison*, du *temps*, de la *force des choses*, etc. ; *le Globe*, qui ne sait plus où donner de la tête, qui commence à parler d'*unité*, qui rêvasse un avenir religieux autre que le *déïsme*, qui a engagé la jeunesse à étudier les grands problèmes du christianisme (ce conseil pourrait, je crois, vous aller; car, malgré vos *connaissances positives*, c'est, n'en doutez pas, mon cher Bailly, votre *ignorance positive* sur ces matières, qui vous fait traiter en pitié Isaïe et saint Matthieu, et qui vous empêche de comprendre l'*Organisateur*) ; *le Globe* qui commence à trouver que Saint-Simon a du bon, que *le Producteur* n'est pas trop faible.

» Vous êtes en Turquie seul saint-simonien ; vous ne nous voyez pas, vous nous croyez encore ce que nous étions au temps du *Producteur ;* quatre ou cinq têtes, non pas dans un même homme, mais discutant, bataillant, comme de vrais philosophes ; les temps sont bien changés !

» Quarante personnes sont constituées *hiérarchiquement*, à Paris. Toulouse, Montpellier, Castres, Sorèze, Lyon, Metz, ont des centres de propagation qui occupent au moins autant d'apôtres de la parole saint-simonienne, s'affichant hautement ses élèves, soumis à notre direction; l'exposition *pu-*

blique de nos idées se fait à cent cinquante personnes au moins à Paris; des femmes se joignent à nous, pleines de chaleur et d'enthousiasme (pauvres dévotes, direz-vous peut-être, venez les voir). Les ingénieurs des mines, des ponts-et-chaussées, les ingénieurs militaires et artilleurs, enfin tout ce qui se recrute à l'École polytechnique est affecté du poison saint-simonien, et il circule rapidement parmi les médecins et même au barreau. Écoutez : nous marchons sans demander l'aumône, et Saint-Simon est mort dans la misère! Qu'un de nous soit malade, et la chambre n'est jamais vide de frères, tandis que Rodrigue et vous étiez les seuls enfants de Saint-Simon à son lit de mort! Bazard et moi, faisons mouvoir une famille nombreuse qui nous aime; Rodrigue et vous, aimiez seuls Saint-Simon. — Et vous dites que le *Producteur* est tombé! que l'*Organisateur* tombera!! Au diable la Grèce et la Turquie, revenez à nous, mon cher Bailly, revenez à nous. »

Enfantin termine en citant l'exemple de Rességuier, qui avait commencé aussi par le *positivisme* de Comte, et qui avait fini par comprendre le *Nouveau Christianisme* de Saint-Simon. Quand la lumière fut faite pour lui, « Rességuier, dit Enfantin, jugea Comte, comme Saint-Simon l'avait jugé; la science prit à ses yeux la place que Saint-Simon lui avait assignée. Les mots DIEU, RELIGION, lui rappelèrent des grands hommes, des grands livres qu'il avait méconnus, méprisés ; il eut conscience de ce que nous avions à faire, en voyant ce que les hommes *inspirés* avaient fait; il n'avait pas eu de peine à se justifier à lui-même son admiration pour Socrate et Platon, il lui en fallut plus pour se sentir ému en pensant au Christ, pour se décider à lire saint Paul; mais aujourd'hui, la croix de celui qui est venu sauver les hommes de la brutalité et de la chair, et qui pour cela a dû la mortifier, lui paraît d'autant plus digne de notre amour, qu'il jette les yeux sur les années de misère de Saint-Simon, sur les souffrances de celui qui est venu sanctifier la chair, en écrasant César pour jamais, en affranchissant les femmes et l'industrie.

» Voilà les hommes à qui l'avenir appartient, mon cher Bailly, ils vous attendent. »

Une correspondance familière et suivie entre Enfantin et Duveyrier, dont le séjour en Touraine se prolongeait, devint, à cette époque, dans les lettres d'Enfantin, comme le journal intime de l'école.

« 28 *avril* 1830. — Cher fils, voilà un brouillon de lettre à Bailly. — Nous allons comme des enragés; dix-huit femmes, cent vingt personnes, dimanche dernier, à la prédication de Barrault. Simon (médecin) et sa femme sont presque enrôlés, madame de D... approche ferme. Bra (le sculpteur) est venu se présenter pour répondre à l'appel aux artistes, c'est une tête curieuse d'où il faut chasser, ce qui fait encore un peu mal à notre cher Filassier (le somnambulisme). Bra en est abîmé, nous seuls pouvons le sauver.

» Le troisième degré est parfait, Bauthier a commencé un cours à trente-cinq personnes, la leçon a été très-brillante, dit-on; Filassier a eu quarante jeunes gens au sien; Lechevalier va toujours de même, c'est bien, c'est beau; nous sommes tous joyeux de notre année.

» Je travaille comme un vrai possédé, aussi le suis-je d'amour pour vous tous, cher fils; deux résumés finis (*priori* et *posteriori*, et leçon sur Comte), la lettre à Bailly, voilà ce que j'ai fait la semaine dernière, et de plus un gros mémoire pour notre procès. [1]

» Écrivez nous, d'Eichthal doit se mettre au-

1. Le procès de son père, Barthélemy Enfantin, dont nous avons déjà parlé.

jourd'hui à vous donner de nos nouvelles, Marquier a été superbe à Toulouse pendant tout son séjour, nous attendons de ses nouvelles de Castres.

» P. E. »

« 7 *Mai* 1830. Deux mots, cher fils.

» Simon avait senti l'élection de madame Bazard, elle était déjà faite dans le collège depuis quelques jours; nous attendrons quelques jours encore pour la proclamer, afin de ne pas donner à l'amour-propre de Simon l'occasion de faillir, et pour que la femme ne soit pas encore un *instrument* de péché : il croirait que c'est uniquement pour célébrer son entrée triomphale dans la doctrine.

» Le père Rodrigue (Olinde) jouit, la face de Bazard est épanouie, la mienne n'est pas mal, je vous assure. J'attends une réponse de vous à ma dernière lettre pour me regarder dans la glace, et vous dire comment je me serai trouvé à sa lecture; je crois que je serai fort beau. — Qu'en dis-tu?

» Adieu, cher fils.

» P. E.

» *P. S.* Je pioche, je pioche, je pioche, aussi la anté est-elle superbe. »

« *Mai* 1830. Vous n'avez pas encore bien compris, cher fils, cette fameuse soirée qui vous a tant bouleversé, cette nuit où je disais en parlant de nous tous, *nous ne nous aimons pas*. Et cependant la parole a germé, mon air sombre se déride peu à peu, l'amour que j'appelais circule dans les membres de la famille saint-simonienne, les échauffe et les unit chaque jour davantage. Tout ceci s'est fait pour ainsi dire à *votre insu*; vous n'avez pas *compris* que c'était parce que j'étais mécontent, ou plutôt parce que je n'étais pas encore content, que *vous* avez *tous* fait ce qu'il fallait pour me contenter; vous m'avez vu triste, vous avez voulu, sans savoir pourquoi, me rendre joyeux, vous avez bien fait; aujourd'hui vous me voyez calme, en présence de mes joies croissantes, et vous voudriez me rendre enthousiaste. Eh! bien non, laissez-moi désirer encore, désirer toujours; car je veux vous faire marcher; laissez-moi désirer plus que vous tous, car je suis votre père. »

Tel était l'exorde d'une lettre qui remua profondément la famille saint-simonienne, et dont l'impression devait rester ineffaçable. — Enfantin y définissait le *calme* qui explique et légitime le commandement. Chaque phrase y témoignait que la conscience impérieuse de sa supériorité, l'aveu irrésistible de sa suprématie et l'orgueil de la primauté apostolique n'étaient en lui que le sentiment religieux, l'amour de l'humanité en Dieu, porté à sa plus haute puissance.

« Avez-vous bien songé, disait-il, que nous n'avons, Bazard et moi, personne au-dessus de nous; personne que celui qui est toujours *calme*, parce qu'il est l'éternel amour. Comme nous, vous rendez tous à Dieu des actions de grâces; mais quelle est la manifestation humaine de Dieu, que nous pouvons, comme vous, bénir? à quel homme dirons-nous, *mon père, je vous aime*? Quelle bouche s'appuiera sur notre front et nous dira : *mon fils, je t'aime*? Grand Dieu ! tu as voulu que celui qui gouverne les hommes, que celui qui ne relève que de toi, qui n'a de père que toi, s'initiât au calme de ton éternel amour; tu as voulu que lui seul pût *t'aimer*, te connaître, te voir, entre tous les hommes, comme tu peux *t'aimer*, te *connaître*, te *sentir* dans *tout ce qui est;* tu as voulu que, ne bénissant que toi, son amour DESCENDIT, *comme le tien*, sur tous, et ne REMONTAT *comme le tien* qu'à toi-même; tu as voulu que le père des hommes fût *pour les hommes*; ce que tu es pour l'univers, l'âme, la vie d'un monde.

» Mon fils, voilà pourquoi mon *calme*, qui vous intrigue, augmente, *sans que vous sachiez pourquoi*, notre *amour;* mais il faut qu'il cesse de vous intriguer, de vous causer du malaise; il faut que vous *sachiez* y lire *clairement* l'amour et non l'indifférence; et pour cela notre *science* vient vous éclairer, notre verbe vient vous révéler le mystère de notre amour, c'est celui de notre vie.

» Qu'un sourire de notre père soit aussi puissant sur nous que tous les concerts de joie de l'humanité. Car ce sourire nous les annonce; il les fait naître, c'est lui qui par vous et par vos fils se répétera sur toute la terre. Le peuple, mer immense qu'une pierre tombée de haut remue dans toute sa surface, dans toute sa profondeur; ce Jupiter dont les païens ont dit : *Nutu tremefecit olympum*; voilà ce que le pape saint-simonien doit *savoir*, doit *sentir*, doit *exprimer*.

» Mon fils, notre cœur est gros d'avenir; vous travaillez, vous voulez écrire l'histoire de l'humanité, du globe, et chanter leurs destinées; l'hymne, le poëme se pressent pour sortir de votre bouche, mais, dans la crainte de ne pas pouvoir accomplir tout ce que vous désirez, vous me dites : ces projets *aboutiront peut-être à vous* ADRESSER *une* SIMPLE *lettre*. Une simple lettre ! elle ne *me* sera pas adressée. Votre lettre à Bordillon est bien belle ; mais c'est une *simple* lettre ; elle est adressée à Bordillon...... Lorsque vous saurez parler à Moïse, à Jésus et à Saint-Simon, Bazard et moi recevrons vos paroles, elles nous seront vraiment *adressées !*

» Votre père a dit : vous pouvez parler. »

« 24 *mai*. — Oui, cher fils, le père Enfantin a été ému en lisant la lettre de d'Eichthal à un public fortement composé, quoique peu nombreux ce jour là, il a été ému vivement, et il a baisé avec joie votre excellent frère, à minuit, à la porte, le conduisant chez lui ; il a été ému pendant et après la lecture publique, il l'avait été avant, en lisant au disciple fidèle ces lignes de foi, dictées par Moïse et par Saint-Simon (délivrez-moi de ce peuple...... depuis quinze jours je mange du pain), il a été ému ce père calme, il a pleuré, et il avait encore des larmes dans la voix, au Prado.

» Je crois que d'ici à quelque temps j'aurai bien besoin de vous voir ici, j'ai envie de causer de quelques idées qui me trottent par le *cœur*, pas encore par la *tête*, et qui ne sont pas encore prêtes à être *digérées*. Dites-moi quand vous ferez votre petite course à Paris.

» Les vieux Romains descendent du Capitole, les Juifs sortent du temple, tout cela arrive dans les catacombes de la rue de Monsigny, dont nous serons bientôt chassés faute de place; l'argent n'arrive pas, mais il viendra avant peu, *je vous en donne mon billet de pape.*

» La métaphysique de Lechevalier est décidément enfoncée, nous avons l'autre jour, Bazard et moi, retourné le portrait de Hégel qui était dans sa chambre, et écrit sur le dos .

» Saint-Simon,
» Religion,
» Science et industrie.

» La séance d'hier a été bonne, Lechevalier a enterré tous les métaphysiciens; Bazard, Rodrigue et Margerin l'entendaient de ma chambre.

» Adieu, cher fils. »

« 28 *mai* 1830. — Mon cher Charles, voici une lettre de madame Bazard.

» Après l'avoir lue, je vous prie de m'écrire comment vous la trouvez; il est des choses qui ont une valeur particulière lorsqu'elles frappent les oreilles d'un *frère* et qui sont insensibles pour celles d'un père. Les nuances que *l'égalité* seule peut découvrir, ne doivent pas cependant rester ignorées à la *paternité*, et j'aime mieux avoir une *traduction* de vous que de demander, en ce moment, une *explication* à votre sœur.

» Notre jeudi d'hier était charmant, madame S...... est on ne peut mieux, deux ou trois dames nouvelles étaient venues, elles ne sont que sur le seuil, mais avec d'excellentes intentions; la réunion des femmes chez madame Bazard, samedi dernier, a été parfaite. Bazard leur a fait une petite allocution soignée, sur les deux points importants de la règle de conduite sociale et individuelle : 1° *la hiérarchie*; leur faisant sentir que savoir s'y *soumettre*, c'est réellement *s'affranchir*, puisqu'il n'y a que des *esclaves* qui soient *égaux*; 2° joindre le passé à l'avenir, ne pas rester *trop* dans l'un, ne pas se jeter *trop* dans l'autre, vivre de la vie saint-simonienne, vie sympathique, qui consiste à unir les convenances du passé à celles de l'avenir. Margerin et Laurent ont été mis en possession, mercredi, du deuxième degré. —Lechevalier, Transon, Talabot, Carnot recevront le troisième, mardi prochain. »

« 2 *juin* 1830. — Charles, voici une belle lettre pour vous récompenser de tous les travaux que vous faites ; votre frère Margerin a ouvert la bouche, c'est avec peine, mais enfin les distiques sibyllins sont arrivés, et ils sont beaux. Votre père a voulu les hiéroglypher de sa belle main, et il est assez content du secours que l'*écriture* donne à la *parole*, que le *module* donne au *rhythme* ; on va imprimer cette lettre dans l'*Organisateur* [1], mais je n'ai pas voulu vous laisser languir. »

1. Il s'agissait de la lettre de Margerin au sculpteur Bra. Elle parut, en effet, le 8 juin, dans le numéro 42 de l'*Organisateur*.

« Mon cher Théophile, disait Margerin, les singuliers phénomènes qui se passent en vous depuis quatre ans n'ont rien qui nous étonne. Nous en connaissons *le sens* et *l'explication* (le somnambulisme et le magnétisme) ; un jour vous connaîtrez l'un et l'autre.

» Le *fait religieux* sur lequel vous appelez notre attention n'a pas toute la valeur que vous lui attribuez. Dieu parle en *vous*, comme il parle en *tous*. Le mal est que vous n'écoutiez qu'en *vous*. C'est pourquoi la grande voix de l'espèce humaine retentit en vain à vos oreilles ; vous ne l'entendez pas.

» Pourquoi chercher dans les choses un sens *caché*, quand elles ont un sens clair, à la portée de tous? Pourquoi quand, de toutes parts, la pensée brise le mythe pour se montrer à nu, vous obstinez-vous à ne voir que le *symbole?* La révélation ne peut plus être *apocalyptique* : tous ont des *yeux* pour *voir* et des *oreilles* pour *entendre*. Dieu se proclame lui-même par toute son immensité.

» Vous dites que vos travaux comprennent ceux de Saint-Simon, avec des vues beaucoup plus étendues ; et tous, nous vous disons que vous ne connaissez pas Saint-Simon.

» Voulez-vous le connaître ? Écoutez. »

Venaient alors les distiques sibyllins qui excitaient l'admiration d'Enfantin et qui offraient un très-remarquable résumé des idées saint-simoniennes.

« 7 *juin* 1830 — Vous l'avez dit, cher fils, votre père n'a qu'un mot à prononcer pour que votre plume peigne son amour; écrivez donc. Bazard et moi sommes enchantés de Barrault; il a été grand, et ce n'est pas dire assez; notre fils, votre frère, a été sublime. La lettre de d'Eichthal, celle de Margerin, votre travail, une lettre de votre sœur Claire à madame Fournel, le dernier résumé de Bazard sur l'industrie, tout cela a germé dans son cœur, sa parole a été tendre, quoique brûlante, savante aussi et digne en tous points d'un de nos premiers enfants. Rodrigue était en face de lui dans la joie; Bazard et moi lui pressions les flancs. Deux fois l'auditoire a tressailli, Barrault le tenait en lui, il l'écrasait d'amour, d'intelligence et de force.

» La vie s'est fait jour. A la place de messieurs et mesdames, sont venus se placer dans sa bouche, ces mots si tendres : *Mes fils, mes filles,* et cela avec l'inspiration la plus chaude et la plus heureuse, à la suite d'un *qui êtes-vous? et qui suis-je?* Barrault s'est placé en prêtre; la prédication est vraiment commencée, la voix saint-simonienne a parlé la langue de tous, la langue de bonté, de vérité et de beauté.

» Votre lettre à madame Bazard est charmante et a fait très-bon effet, au collége surtout; quant à votre belle poésie, tous s'accordent à dire, les uns qu'il lui manque une face, les autres une demie ou un quart de face, mais toujours quelque chose. Je vous ai déjà envoyé un commencement d'opinion motivée, mais j'attends la fin de notre procès pour pouvoir m'en occuper mieux, et vous rembarrer de la belle manière; évidemment quoique vous gagniez beaucoup au travail que vous faites, il y a un faux emploi de force, par conséquent des forces perdues, et vous pouvez remarquer même une assez drôle de contradiction entre votre travail et votre opinion sur l'artiste, relativement au pape, car chaque fois que vous rencontrez sur votre chemin l'opinion émise jusqu'à présent par Bazard et moi, celle de la *continuité du moi*, vous la tournez fort adroitement sans doute, ce qui ne vous empêche pas de verser, car il n'y a qu'une roue à votre carrosse.

» Barrault, d'Eichthal, Rességuier [1], Margerin, *Bazard et moi*, sommes tous d'avis que votre point de vue est incomplet. Laurent vous défend assez chaudement, Rodrigue vous défend aussi, mais plutôt parce que vos accords sont une belle musique, que pour la conception même. »

1. Rességuier, vivement attendu à Paris pendant longtemps par tous les membres de l'église parisienne, y était venu dans le courant du mois de mai.

La fin du procès qui préoccupait Enfantin ne répondit pas à ses espérances. Son père fut obligé de quitter Paris et de se réfugier en Belgique, Enfantin lui écrivit aussitôt :

« *Paris*, 20 *juin* 1830. — Courage, père, ne crains pas que je maudisse Dieu de m'avoir fait naître de toi. Tu as été une grande leçon pour moi. Bon et aimant, tu as été la victime d'un monde égoïste et tu m'as fait chercher un autre monde; je l'ai trouvé : je te bénis. Sois donc tranquille sur moi, je suis plus heureux mille fois que je ne l'aurais été si tu n'avais pas été bon comme tu l'as été, et c'est parce que tu étais bon, je te le répète, que tu as souffert. Est-ce une consolation que je te donne en te disant que je bénis ton nom et tes exemples, que je te remercie de l'éducation que tu m'as donnée, du cœur que tu as mis en moi, du bonheur que j'ai trouvé dans cette doctrine qui est toute ma vie, et vers laquelle tu m'as dirigé involontairement par la misanthropie que t'inspirait notre monde actuel. Oui, c'en est une, car tu pleurais hier sur moi, tu me croyais voué au malheur par toi, tu croyais que je pouvais souffrir d'autre chose que de tes propres souffrances : rassure-toi.

» Mais je ne veux pas seulement te *consoler*,

car j'*espère*. Oui, ne t'effraie pas, comme tu le fais de ce voyage, il ne saurait être long, il est impossible que nous ne parvenions pas avant peu à te ramener au milieu de nous; une année plus tard, et j'en suis sûr, la doctrine te rendrait une seconde fois la vie. Elle te doit tant puisque tu es mon père et que tous m'aiment comme des fils. »

Le même jour, Enfantin écrivit à sa mère :

« Tu te plains de mes ambitieuses illusions, et tu me rappelles 1814. Mais de toutes les ambitieuses illusions que je pourrais avoir, il n'en est pas une seule qui ne produisît plus fortement que la doctrine l'effet dont tu te plains. Si j'avais continué à chercher la gloire militaire, je serais à l'armée; l'argent, je serais peut-être réformé et réduit à rien; si j'avais été désireux de me marier, je l'aurais été à Romans, à Pétersbourg, car c'est là que se sont passées les années où l'on y pense le plus; j'aurais fait, il y a deux ans, une folie.

» Tu me reproches mes ambitieuses illusions, et tu serais bien fâchée que je fusse mou, apathique, sans amour, tu dirais : ce n'est pas là mon fils, — car tu n'es rien de cela. Je suis ce que je suis, *parce que* je suis ton fils. Je suis sous ma face calme, ardent, parce que tu l'es; aimant, parce que tu l'es ; *ambitieux*, parce que tu l'étais aussi; et je veux changer le monde, parce que toi et papa y avez souffert et que j'ai été nourri de vos douleurs; parce que je vous ai vus faits l'un et l'autre pour être heureux, accablés, ruinés, délaissés. Tout ce que je suis, chère mère, c'est toi qui en es *la cause première*. Je ne puis pas être indifférent puisque tu es impressionnée si vivement par tout ce que tu vois, ce que tu penses, ce que tu aimes. Je suis ambitieux de donner aux derniers jours de mon père et de ma mère le spectacle de l'amour que leur fils aura su inspirer..... »

Une amie dévouée, mademoiselle Aglaé Saint-Hilaire, avait accompagné Enfantin père, à Bruxelles. Le fils ouvrit avec elle une correspond ce presque journalière, pour adoucir autant que possible l'exil du vieillard.

« Je vous enverrai d'ici à quelques jours, lui écrivit-il le 29 juin 1830, une lettre pour M. Thibaudeau (le conventionnel). Celui-là ira assez bien à papa. Malheureux comme lui, mais pour d'autres causes, il jardine comme papa une grande partie de la journée. Sa femme est très-bonne; elle a entendu souvent parler doctrine, et son mari est très en position, sinon de l'adopter, du moins de comprendre en partie ce qu'il y a de grand et de généreux en elle. »

Une seconde lettre, sous la date du 1er juillet, renfermait des détails importants sur les premiers succès du diaconat. Fournel avait adressé mille francs à Enfantin et promis une somme pareille pour le 1er janvier. Rességuier en avait fait autant. D'Eichthal avait donné trois mille francs, en y ajoutant une donation à cause de mort pour une somme assez considérable. Duveyrier, Carnot, Lechevalier, Filassier, etc., avaient également apporté leur contribution qui devait être annuelle, ce qui fesait dire à Enfantin que le budget des recettes de la doctrine, pour l'année suivante, s'élèverait à trente ou quarante mille francs.

Le 3 juillet, nouvelle lettre à mademoiselle Saint-Hilaire, contenant celle qui était destinée au père Thibaudeau, et annonçant un court séjour de Duveyrier à Paris, le départ de Margerin pour Orléans, la satisfaction de Rességuier qui avait trouvé son église du Midi superbe, et l'animation du dernier jeudi qui avait été brillant et nombreux. Enfantin terminait en disant qu'il était péniblement absorbé, depuis le premier de ce mois, par son dividende de la caisse hypothécaire, et qu'il en avait pour quinze grands jours, ce qui le contrariait bien dans un moment où il avait à surveiller l'impression d'un volume de l'exposition. Et malgré cette absorption, il répondait le même jour à Rességuier sur une question de doctrine, et l'entretenait de la marche rapide des enseignements, des prédications et des conversions.

« Duveyrier est reparti; Dugied est allé préparer à Nantes le voyage de Duveyrier et de Lechevalier. Bazard ira tous les retrouver et passer huit jours avec eux; d'Eichthal est sur les bords du Rhin et restera un mois absent; Margerin est à Orléans, dans sa famille, pour quinze jours encore; vous voyez que le collége est bien dégarni, il ne reste que nos prédicateurs, car le père Laurent commence dans huit jours à porter la parole rue Monsigny; le père Laurent est tout feu, son spleen s'envole depuis que nous l'avons chargé de prêcher, il déclame toute la journée, je vous réponds de lui. Renouvier ne nous écrit pas; ce qui prouve qu'il est furieusement occupé. Le père Rigaud a écrit à son fils une lettre admirable; il se remue tant qu'il peut, il parle à tout le monde de la doctrine, Montpellier sera une belle cathédrale dans dix ans; notre petit Combes un gentil vicaire. De Metz, nous recevons des travaux; Maréchal et un de ses amis s'en donnent à corps perdu, d'Eichthal a dû les voir ces jours-ci.

» Mais, mon pauvre Rességuier, vous n'êtes plus là, et le volume languit, il n'y a que quinze feuilles de tirées, tout est cependant imprimé, mais les différentes indispositions de madame Bazard et les corrections nombreuses des deux dernières séances sur la question religieuse, et la rédaction des leçons du Prado, et les nombreuses occupations gouvernementales qui nous arrivent de plus en plus chaque jour, ont arrêté le travail. Le second volume sera prêt presque aussitôt que le premier, j'ai même encore six ou huit pages de la préface à faire, mais je ne peux les achever que lorsque les dernières feuilles seront tirées.

» Talabot devient plus beau chaque jour, le troisième degré s'est grossi de quatre ou cinq personnes depuis vous; autant touchent les portes. Chevalier, l'ingénieur, est monté au deuxième, Filassier est très-occupé par ses examens de médecine, cependant c'est toujours une des colonnes; je ne parle pas de Lechevalier, vous savez que cela veut dire très-bien, la métaphysique est partie avec la jaunisse. Il n'y a pas d'enfants malades, Lemonnier qui l'a été pendant quinze jours (cela devait être) est bien maintenant de toute manière. — Que nos fils du Midi se réjouissent, Saint-Simon marche glorieux à sa conquête pacifique. »

Peu de jours après, le 7 juillet, Enfantin, écrivant à son père, lui disait encore :

« Je suis accablé par ma caisse et n'ai que le temps de faire une enveloppe...... Le dernier dimanche de Barrault a été admirable; nous étions dans les beaux appartements du premier; c'était superbe, il y avait beaucoup de monde. Les dames viendront entendre Transon, dimanche. »

Les dames vinrent, en effet, et, le lendemain, Enfantin, racontait ainsi le succès de Transon à mademoiselle Saint-Hilaire.

« 12 *juillet* 1830. Transon a tellement remué un auditoire nombreux hier (hommes et femmes); il a été si grand, si beau, qu'il est monté le jour même au collége.

» Vous avez une sœur de plus, madame Cossard, qui est parfaite. Delatour est reçu au troisième degré. Quatre autres personnes frappent à la porte, le père et la mère Rodrigue sont presque saint-simoniens. »

Le 20 *juillet*, nouvelle lettre à mademoiselle Saint-Hilaire. — On y lit :

« Vous m'avez dit dernièrement de ne pas me gêner pour écrire ; il l'aurait fallu en effet, car je suis fièrement pris ; je n'ai pas même pu joindre quelques mots à la lettre de madame Bazard qui vous a donné de bons et longs détails, et qui attend votre retour avec impatience pour l'aider. Vous serez maintenant quatre femmes ayant bonnes épaules, vous, madame Simon, et mesdames Cossard et Niboyet.

» La dernière séance du samedi a été très-bonne, sur la famille, le divorce et le veuvage ; Claire doit vous en écrire l'analyse. La prédication d'hier superbe de grandeur, mais moins remuante que les autres. Barrault a, pour la première fois, fait une invocation à ses pères.

» Le père Laurent prêchera probablement dans la quinzaine, et je crois que c'est là sa véritable vocation ; il sera vigoureux et bon... — Transon est l'apôtre des dames.

» Nous allons, selon toute apparence, louer le premier étage [1], rue Monsigny. Les deux étages

1. Ce local, occupé précédemment par la *Société des bonnes études*, fut destiné aux enseignements publics, aux réunions de

coûteront 6,000 francs, et, comme nous pourrons loger non-seulement la famille Bazard, mais trois ou quatre doctrinaires de plus, et que d'ailleurs les locations du dimanche nous coûtent 1,200 francs par an, il n'y aura pas grande dépense de plus. Ces appartements sont superbes; gare seulement pour l'hiver, à l'éclairage et au chauffage, mais les conversions vont leur train, et Duveyrier, d'Eichthal, Dugué qui sont en voyage; Lechevalier, Filassier, Carnot, qui iront bientôt, le Midi qui marche supérieurement, nous donneront des ressources. »

A MADEMOISELLE SAINT-HILAIRE

« 23 *juillet.* — Une lettre charmante, délicieuse, de madame Fournel, sur la famille, est arrivée. Rességuier a écrit. Le Midi est toujours brillant. Je vous ai dit, je crois, que Dugied était parti pour préparer à Nantes le voyage de Duveyrier, Lechevalier et Bazard, car il ira aussi y passer quelques jours. »

A D'EICHTHAL

« 26 *juillet* 1830. — Il ne faudra pas m'écrire sur du carton dorénavant, cher fils, le parchemin

la famille saint-simonienne et aux prédications. Enfantin l'habita aussi, et céda le second étage à la famille Bazard.

était bon pour Hildebrand, mais nous, nous avons du papier à lettre (grâce aux progrès de Satan *l'industriel*), qui tient peu de place et ne paie pas beaucoup de port. (La poste coûtait cher alors. Une lettre de Metz avait été taxée 1 franc 50 centimes.)

» Fèvre est évidemment un bon apôtre, Maréchal a un fils qui lui fait honneur; les deux travaux sur la *tolérance* et la *vie future* nous ont charmés....

» Votre soirée a été bonne, cher fils, Metz sera bien préparée pour l'arrivée de Barrault et du volume qui ne peut pas tarder à paraître, car Bazard a fait ses corrections des derniers placards, et les feuilles vont m'arriver.

» Quelques abonnements sont arrivés de la province et de Paris, le volume en amènera d'autres, n'oubliez pas cette partie importante de votre voyage, vous êtes en poste, ce qui est très-favorable pour décider les gens à dépenser 25 francs.—Pifaud nous a remis un tableau synoptique qui, sauf quelques légères corrections, nous sera éminemment utile, nous le ferons graver ou imprimer, et tâcherons de le substituer aux cartes de Ch. Dupin. Jules se propose d'en laisser un exemplaire dans chaque auberge où il passera pendant son voyage, c'est la meilleure affiche qu'on puisse donner; Rodrigue en a été enchanté, il le tournait et retournait, étendait et repliait, il le caressait comme son enfant.

» Madame Fournel a écrit une lettre charmante (sur la famille) que vous connaissez. Madame Niboyet s'annonce comme devant nous donner de vigoureux coups d'épaule.

» Le père Laurent parle décidément dimanche; Transon n'a parlé qu'un quart d'heure, il a eu son mauvais jour, aussi sera-t-il superbe la première fois. »

Enfantin écrivit cette lettre au milieu de l'immense agitation que le *Moniteur* de ce jour avait provoquée dans la capitale, et qui allait gagner la France entière, pour s'étendre ensuite à toute l'Europe. Les ordonnances absolutistes de Charles X avaient paru le matin dans la feuille officielle.

Les apôtres du progrès pacifique avaient une rude épreuve à traverser. L'ancien régime engageait un combat à mort avec la révolution. Les disciples de Saint-Simon ne devaient pas se laisser entraîner dans cette lutte sanglante, bien qu'ils eussent la convition d'être les adversaires les plus résolus et les plus redoutables du passé féodal et clérical qui s'était fait provocateur. Ils n'oublièrent pas en effet que leur mission n'était pas de détruire, mais d'édifier. Bazard, l'ancien menbre de la vente suprême du carbonarisme s'entendit à merveille avec Enfantin, l'ancien combattant de Vincennes, pour inviter les saint-simoniens à se tenir à l'écart de cette querelle fratricide.

Cette résolution fut annoncée, en ces termes[1] :

AUX SAINT-SIMONIENS ÉLOIGNÉS DE PARIS

Paris, 28 juillet 1830.

» Chers enfants,

« Chaque jour, vous disiez que la société qui nous entoure était livrée au désordre, qu'elle était agitée par l'anarchie, dévorée par la lutte et la guerre,

1. Cette circulaire fut adressée à d'Eithchal, le 29, par Enfantin, dans une lettre où on lit :

« Voici, cher fils, ce que les circonstances dans lesquelles nous nous trouvons nous a fait écrire; les coups de fusil et de canon résonnent de tous côtés, et il y a de quoi faire bouillir des cœurs qui battaient si vivement il y a peu de temps encore pour le libéralisme, et qui battent plus fortement que jamais en présence des douleurs des hommes ; mais quoique le Dieu saint-simonien soit *amour* et non esprit comme celui des chrétiens, il est saint de *calculer* ses actes : or, nos actes aujourd'hui doivent consister à *observer* un mouvement dans lequel notre action serait vaine, ridicule, impie, comme *saint-simoniens*, et presque inutile même comme libéraux. — Au reste, nous sommes dans un moment si grave que la doctrine doit y puiser des forces; comment? je

par l'égoïsme, et que Saint-Simon était venu lui apporter la paix et l'amour. C'est ce spectacle déchirant qui vous avait rendus sensibles à la parole de notre maître; c'est parce que vous avez ressenti vivement *en vous* les douleurs qui, *hors de vous*, affligeaient vos frères, que vous vous êtes écriés les premiers : Ces douleurs cesseront !

« Saint-Simon nous a dévoilé l'avenir; il nous l'a donné pour qu'à notre tour nous en fassions jouir l'humanité; et il nous a guéris d'un mal qui nous consumait; il nous en a guéris par son exemple, en traversant la crise terrible de la révolution française avec ce CALME divin qui eût été lâcheté, crime, pour tout autre que lui, et qui fut la condi-

n'en sais rien encore; ce qu'il y a de certain, c'est qu'elle en perdrait, en se faisant purement et simplement, je dirais même niaisement libérale. — Et cependant ceci a fait question, non entre Bazard et moi, non dans le collége, pas même que je sache dans le deuxième degré; mais le troisième, naissant à peine à la vie d'amour, à la connaissance et à la pratique de *l'avenir humain*, déjà réalisé par ses pères, bouillant encore de ses souvenirs du monde, dont nous l'avons tiré, nous a donné quelques exemples de convictions difficiles à communiquer; sensibles à la généreuse ardeur qui anime le peuple libéral, quelques-uns se sentaient entraînés à aller partager ces dangers, cueillir ces palmes de dévouement, comme si c'était là les nôtres, comme si celles qu'ils attendent de la mission que Dieu leur a donnée n'étaient pas mille fois plus belles (quelles que soient les circonstances où nous ayons à les cueillir) que celles qui orneront la tête des victimes ou des triomphateurs dans cette boucherie où le sang coule en ce moment. »

tion providentielle de notre initiation à une vie nouvelle; il nous en a guéris, nous qui, mêlés naguère à cette société en désordre, avions pris part avec tant d'ardeur, avec le plus complet dévouement, à des tentatives généreuses qui réclamaient toute la puissance de nos âmes, alors que nous n'avions pas encore entendu la parole de notre maître.

» Enfants, écoutez vos pères, ils ont su ce que devait être le courage d'un libéral, ils savent aussi quel est celui d'un saint-simonien.

» Chers enfants, l'avenir est à nous, nous devons y conduire le présent, et cependant le sol sur lequel nous marchons n'a pas encore été assez sillonné par la parole D'AMOUR, pour que notre mission divine puisse s'accomplir en nous plaçant au milieu de la mêlée, en déployant aux yeux d'un peuple qui nous ignore, et qui ne songe qu'à jeter loin de lui le passé, la bannière de l'avenir, la seule que puissent aujourd'hui porter nos mains pacifiques,

» Les désordres qui se passent en ce moment sous vos yeux, sont les accès d'un mal dont vous avez sondé toute la profondeur, le sang a coulé devant vous! mais ne saviez-vous pas, hier comme aujourd'hui, combien de larmes, de misères, de crimes, combien de douleurs ignorées affligeaient l'humanité? Hier vous étiez CALMES, soyez-le encore aujourd'hui, soyez-le plus que jamais, car cette haute vertu vous est plus que jamais nécessaire, entourés comme vous l'êtes d'un monde qui doit la recevoir de vous, et qui se déchire.

» Soyez CALMES, mais non pas INACTIFS ; redoublez d'ardeur dans cette circonstance douloureuse pour faire sentir aux hommes sur lesquels votre voix a quelque puissance, cette évidente *justification* de la venue de notre maître. Montrez-leur dans quel abîme de démoralisation et de misère serait entraîné ce PEUPLE qu'ils aiment, mais que nous savons mieux aimer qu'eux, parce que nous connaissons l'avenir que Dieu lui destine, si les âmes fortes et généreuses ne s'occupaient pas pour lui, en ce moment même, de préparer, de fonder les bases de son affranchissement définitif, de sa véritable LIBERTÉ.

» Enfants de Saint-Simon ! de grandes épreuves nous attendent peut-être, peut-être serons-nous bientôt appelés nous-mêmes, mais alors avec notre titre de saint-simoniens et glorieux de notre apostolat, à braver les coups des hommes que nous venons sauver : ceux qui triomphent aujourd'hui s'irriteront sans doute de ce qu'ils vont appeler notre froideur, notre indifférence, nous sommes prêts à supporter leurs injures et leurs violences, si le triomphe de notre foi l'exige, si vos pères vous le commandent, mais nous ne nous manifesterons à eux ni par l'injure ni par la violence; nous ne renierons jamais notre foi D'AMOUR et de PAIX.

» Chers enfants, de plus heureuses destinées nous sont réservées, et les événements se précipitent avec une rapidité qui nous en est un gage assuré! Ce sont des hommes de nos âges, nos anciens frères d'armes en libéralisme, ce sont des hommes *qui cherchent* avec ardeur ce que nous avons TROUVÉ, qui vont apparaître sur la scène du monde; ceux-là ne nous comprennent pas encore, mais nous ne leur sommes pas inconnus; la doctrine ne s'est pas emparée de leurs cœurs, mais ils en portent déjà des germes, que nos travaux sauront développer. A eux aujourd'hui la puissance politique, elle leur appartient de *droit* car ils font *ce que veut l'humanité;* à eux la puissance, mais pour un *jour*, parce qu'ils ignorent ce que l'humanité voudra *demain?* à nous de le leur enseigner? Ils préparent à leur insu, la réalisation du RÈGNE DE DIEU SUR LA TERRE; quand il en sera temps, vos pères vous appelleront; ils le sauront avant vous, mais surtout avant eux.

» BAZARD — ENFANTIN. »

L'ignorance du lendemain était en effet générale parmi les libéraux de la veille comme parmi les combattants du jour. Enfantin s'en aperçut, dans les diverses visites qu'il fit aux rédacteurs du *Globe*, pendant les journées des 27, 28 et 29 juillet. « L'impuissance politique des hommes que je vis là, dit-il, était dans tout son beau. Je voulus tenter de les pousser à se faire centre du mouvement de la presse, au moins à essayer de s'entendre avec les journalistes libéraux pour formuler une opinion, une volonté commune, il n'y eut pas moyen de les faire bouger. Leroux, seul, aurait agi, s'il était de sa nature d'être remuant, parce qu'il s'occupait peu du lendemain pour lui ; tous les autres n'avaient déjà que cela en tête. » (Note du 4 janvier 1833, datée de Sainte-Pélagie). Dans une note subséquente, Enfantin, revenant à l'attitude et aux actes des saint-simoniens pendant et après ces mémorables journées, ajoute : « Bazard demeurait encore rue de la Barouillerie et moi rue Monsigny. Malgré la bagarre, Bazard vint chaque jour. Le 29 [1], il me trouva écrivant la proclamation, je

1. Le 29 juillet, le combat ne cessa tout à fait et la retraite des troupes royales ne fut définitivement opérée que dans l'après-midi. Bazard, quittant la rue de la Barouillerie, vers deux heures, pour se rendre au centre doctrinal de la rue Monsigny, passa chez Laurent, qui logeait rue Saint-Maur-Saint-Germain, et ils

la finis; après en avoir causé avec lui, la journée fut employée à l'impression, à écrire quelques lettres, et à prendre de tous côtés, par nos élèves de l'école surtout, des informations sur le mouvement. Laurent allait dans les clubs républicains; Cazeaux, ne comprenant rien à la proclamation, était triste et morne, mais toutefois fesait rigoureusement son service; Margerin, Dugied, Duveyrier,

allèrent ensemble rejoindre Enfantin. Quand ces deux anciens conspirateurs, débouchant de la rue du Bac sur le Pont-Royal, virent flotter sur les Tuileries le drapeau pour lequel ils avaient joué leur tête dans leur première jeunesse, ils ne purent se défendre d'un vif sentiment de joie et d'espoir. La révolution triomphante les délivrait du passé qu'ils avaient combattu autrefois à outrance, en même temps qu'elle devait profiter à l'avenir qu'ils annonçaient. Enfantin, en les voyant, leur dit, le sourire sur les lèvres : « Eh bien! est-ce le moment d'aller aux Tuileries? » Bazard se contenta de rendre sourire pour sourire, et Laurent répondit à Enfantin sur le même ton : « *Pas encore!* Vos disciples pourront y entrer un jour, à un titre ou à un autre, mais vous, ce sera plus difficile. » Enfantin n'avait voulu évidemment que faire ressortir, sous une forme piquante, le vide que l'héroïsme du peuple venait de faire, au sommet du pouvoir, vide que les chefs de la révolution victorieuse n'étaient pas en mesure de combler pour longtemps. C'est pourtant, nous le croyons, tout ce qui a pu faire dire à un historien, d'ailleurs impartial, qu'*on avait osé tourner ses regards vers les Tuileries*, et que *Louis-Philippe avait été sommé par lettres de céder la place à MM. Bazard et Enfantin.*

Il est certain, du reste, que si les maîtres ne songèrent pas sérieusement à prendre possession du palais du gouvernement, quelques-uns des disciples y sont très-gravement entrés, sous la monarchie de 1830, sous la république et sous l'empire, comme conseillers d'état, sénateurs ou ministres.

d'Eichtal, Holstein, n'étaient pas à Paris; Jallat allait panser les blessés chez Bazard; Duguet courait, Jules aussi avec Saint-Chéron, les deux Péreire, puis passaient au milieu de nous, sans toutefois s'attacher à notre mouvement, Reynaud l'aîné, frère de Jean (Jean était en Corse), Ricard-Farat (mort depuis à Sainte-Pélagie), Nuilly l'ingénieur. — Carnot s'était battu; Rigaud également et paraissait peu; Transon avait été bouleversé dès le 27, parce qu'il avait vu tuer deux hommes, près de lui, dans la rue Saint-Honoré: il en avait éprouvé une crise nerveuse qui ne cessa que le jour où nous lui fîmes endosser son uniforme pour aller à l'Hôtel de Ville. J'oubliais Talabot, qui pourtant fit une frasque pour l'affaire de Rambouillet, où il alla sans ordre en nous laissant un mot d'excuse, et en emportant un de mes fusils de chasse, qu'il chargea même à cartouche renversée, de telle sorte qu'il ne put pas même le décharger en l'air en revenant.

» Le soir, Rodrigue vint avec son fusil, sa giberne et son sabre de garde national sur son habit bourgeois: il désapprouva d'abord la proclamation, puis se rendit enfin et la trouva bien.

» Le lendemain matin, Bazard revint; on affichait et on expédiait pour la province la proclamation (qui est bien du 29 quoiqu'elle soit imprimée par erreur sous la date du 30, jour de son apparition). J'étais préoccupé du sentiment qui me fit écrire la circulaire du 1er août (*Organisat.*, 1re année, 51me no). Je sentais que, de ce jour, s'ouvrait pour nous une vie toute nouvelle, et que notre existence politique daterait de cette époque, formant la clôture de notre vie philosophique. Je parlai à Bazard de la démarche que je désirais qu'il fît à l'Hôtel de Ville; j'avais visité la nuit à trois heures, et le matin encore, les rédacteurs du *Globe*; de toutes parts nous arrivaient les témoignages de l'indécision générale [1]; enfin je ne voulais pas compter pour

1. Au milieu de l'indécision générale, deux partis bien résolus, les orléanistes et les républicains, s'étaient trouvés en présence dans les réunions populaires formées dans la soirée même du 29 juillet. L'une de ces réunions tenait ses séances chez le restaurateur Lointier, rue de Richelieu, 104. Laurent en faisait partie. Dès le 27, il avait annoncé aux chefs de la doctrine que l'abstention absolue, dans cette grande lutte politique, lui était impossible, et il leur avait demandé d'ajourner à quinzaine la prédication qu'il avait promise pour le dimanche suivant. Dans la réunion Lointier, Carnot et lui se joignirent à leurs anciens amis politiques, les républicains, parmi lesquels ils retrouvèrent Buchez et Rouen. Les amis du duc d'Orléans n'avaient pas négligé non plus ce club improvisé. Ils y plaidaient chaudement la cause de leur candidat au trône, lorsque Carnot et Laurent, suivis des deux saint-simoniens parés de leur uniforme de l'École polytechnique, quittèrent le club, avec Charles Teste et Félix Lepelletier-Saint-Fargeau, pour aller sur la place de la Bourse où stationnait un corps de volontaires de la Charte, d'environ quinze

rien, dans une aussi grande circonstance, les anciennes relations toutes providentielles de Bazard et de Lafayette; mais par-dessus tout, je le répète, j'étais désireux de faire une tentative, exagérée même, certain que j'étais qu'elle donnerait de nos prétentions actuelles une idée différente de celle qui s'attachait alors à nos noms par suite de nos travaux antérieurs, et que nos fils surtout y puiseraient une inspiration *politique* dont ils avaient

cents hommes, et commandé par un polytechnicien. Il s'agissait d'obtenir de ces soldats des barricades une démonstration contre le prétendant royaliste. On demanda à C. et à M. C. s'ils connaissaient le jeune commandant, et, sur leur réponse affirmative, on les chargea de proposer à leur ancien condisciple de lire solennellement à sa troupe une proclamation en quatre lignes, rédigée à la hâte sur le comptoir du magasin de librairie de Ch. Teste, et qui commençait et finissait par ces mots : *Plus de Bourbons !* Ce cri, à la lecture de la proclamation, devint unanime dans les rangs et hors des rangs. La réunion Lointier en fut immédiatement instruite. Les républicains insistèrent dans la discussion de l'adresse qu'il s'agissait de faire parvenir à l'Hôtel de Ville, pour qu'elle fût exclusive de toute candidature bourbonienne. Les orléanistes, se trouvant en minorité, se retirèrent. Béranger s'était montré au milieu d'eux. La majorité nomma alors une députation qui fut chargée de demander à Lafayette la formation d'un gouvernement provisoire et la convocation des assemblées primaires pour élire un congrès national. Laurent communiqua ces résolutions à Enfantin, dont la note ne laisse rien à désirer sur les démarches que Bazard fit de son côté et sur le résultat qu'elles eurent. Nous croyons devoir ajouter seulement que si Bazard ne fut pas aussi prompt qu'Enfantin à se décider pour la visite à l'Hôtel de Ville, il n'en montra pas moins, une fois décidé, beaucoup de chaleur et d'énergie dans l'accomplissement de sa mission.

besoin. Je mis, dans mes instances près de Bazard, une exaltation qui pouvait sans doute me faire dépasser les limites du *possible* et peut-être même du *probable*. Le fait est que jusqu'au soir Bazard fut comme un roc dans son refus. Toutefois il passa la journée entière avec nous, et enfin le soir il se décida.

» Les explications qu'il donne à Rességuier de cette démarche sont précisément les raisons au moyen desquelles je parvins à le déterminer.

» Transon et Jules partirent en avant pour l'Hôtel de Ville; quand nous appelâmes le soir Transon dans ma chambre pour lui annoncer cette démarche, d'abattu qu'il était il devint radieux, courut endosser son uniforme de sergent-major de l'École, prit son épée et revint gai et fier, nous faisant en entrant le salut militaire, beau comme dans son plus beau jour de prédication.

» Bazard avait demandé un rendez-vous à Lafayette, qui lui avait indiqué la nuit, à l'heure qu'il voudrait; il partit vers deux heures avec Michel, et ils revinrent au jour.

» Dans la lettre que Bazard avait écrite à Lafayette il lui rappelait très-affectueusement que déjà, dans une circonstance grave pour lui, Lafayette, il avait eu l'occasion de lui rendre service, et il lui présentait la position actuelle comme beaucoup plus grave encore, lui demandant un entretien pour s'assurer s'il ne pourrait pas encore une fois lui être de quelque utilité.

» Lafayette le reçut très-bien, et lui dit de suite qu'en effet la position était très-difficile. Bazard lui parla au bout de quelques instants de la *dictature* comme seul moyen de mettre, au moins momentanément, un peu d'ordre dans ce gâchis; mais l'immuable *américain* était complétement sourd de cette oreille, et Bazard vit assez promptement, non-seulement dans Lafayette lui-même, mais dans tout son entourage, l'impossibilité de rien faire qui eût le sens commun avec des hommes aussi étrangers à la conduite des masses, à la politique. Lafayette avait hâte d'en finir ; ses premiers mots à Bazard avaient même été : « *Ma foi, si vous m'aidez à me tirer de là, vous me rendrez un grand service.* »

(Sainte-Pélagie, 5 janvier 1833.)

Mais Enfantin, tandis qu'il réclamait la parole de Bazard pour agir sur le chef momentané du peuple, s'occupait aussi, comme nous venons de le voir, de faire entendre directement la parole de Saint-Simon au peuple lui-même, pour lui dire à quelles conditions sa victoire serait féconde et pourrait rester définitive. Le bourgeois et le prolétaire, maîtres de Paris, et d'accord ce jour-là pour se montrer à l'envi peu soucieux du principe héréditaire invoqué par les enfants des rois, purent donc lire, sur les murs de la capitale, la proclamation suivante :

« Français!

» Enfants privilégiés de l'humanité, vous marchez glorieusement à sa tête!

» *Ils* ont voulu vous imposer le joug du passé, à vous qui l'aviez déjà une fois si noblement brisé ; et vous venez de le briser encore, gloire à vous !

» Gloire à vous qui, les premiers, avez dit aux prêtres chrétiens, aux chefs de la féodalité, qu'ils n'étaient plus faits pour guider vos pas. Vous étiez plus *forts* que vos nobles et toute cette troupe d'*oisifs* qui vivaient de vos sueurs, parce que vous *travailliez ;* vous étiez plus *moraux* et plus *instruits* que vos prêtres, car ils *ignoraient* vos travaux et les méprisaient ; montrez-leur que si vous les avez repoussés, c'est parce que vous ne savez, vous ne voulez obéir qu'à celui qui vous aime, qui vous éclaire et qui vous aide, et non à ceux qui vous exploitent et se nourrissent de vos larmes ; dites-leur qu'au milieu de vous il n'y a plus de rangs, d'honneurs et de richesses pour l'*oisiveté*, mais seulement pour le travail ; ils comprendront alors votre révolte contre eux; car ils vous verront chérir, vénérer, élever les hommes qui se dévouent pour votre progrès.

» Nous avons partagé vos craintes, vos espérances, et nous nous glorifions de votre triomphe, car c'était pour le *progrès* que vous craigniez, que vous espériez, et c'est pour le *progrès* que vous triomphez. Nous sympathisons avec vous, car c'est dans vos rangs que nous avons pris l'habitude des sentiments généreux, et c'est par des efforts semblables aux vôtres que, longtemps avant la plupart d'entre vous, nous avons appris à nous dévouer à l'humanité ; écoutez-nous donc !

» Gloire à vous, enfants de l'*avenir*, vous avez vaincu le *passé !*

» Assurez votre triomphe ; rendez désormais impossible une lutte qui vous menace encore, et qui aurait encore ses victimes et ses bourreaux, si une *pensée nouvelle*, que l'humanité cherche depuis un siècle, ne venait pas donner à votre union une force capable de faire disparaître à jamais ces fantômes d'un passé que vous ne voulez plus.

» Sachez pourquoi les *prêtres* et la *féodalité*, malgré les coups mortels que vous leur avez portés dans les jours de notre glorieuse révolution, ont pu surgir, ardents à reconquérir une puissance qui ne leur appartient plus ; c'est qu'il leur restait encore un lien d'*ordre*, d'*union*, et qu'il n'en existe aucun entre vous ; c'est qu'ils conservaient un souffle de vie, tandis que vous ne vivez pas encore ; car, avec un héroïque dévouement, vous ignorez *l'ordre*, *l'union*, qu'il doit enfanter, car vous avez eu tant à combattre, à détruire, que vous n'avez pas pu songer encore à unir, à édifier.

» La *féodalité* sera morte à jamais lorsque TOUS LES PRIVILÉGES DE LA NAISSANCE, SANS EXCEPTION, SERONT DÉTRUITS, ET QUE CHACUN SERA PLACÉ SUIVANT SA CAPACITÉ, ET RÉCOMPENSÉ SUIVANT SES ŒUVRES.

» Et lorsque cette nouvelle parole RELIGIEUSE, enseignée à tous, réalisera SUR LA TERRE le RÈGNE DE DIEU, le règne DE LA PAIX et DE LA LIBERTÉ, que les chrétiens avaient placé seulement DANS LE CIEL, l'Église catholique aura perdu toute sa puissance, elle aura cessé d'être. »

BAZARD — ENFANTIN,
Chefs de la doctrine de SAINT-SIMON.

Paris, 30 juillet 1830.

A la suite de cette proclamation, écrite le 29 juillet et affichée le 30, *l'Organisateur* publia, le 1er août, une lettre rédigée par Enfantin et adressée *aux saint-simoniens éloignés de Paris* ; elle était ainsi conçue :

« Chers enfants,

» Nous devons vous instruire, vous qui n'étiez pas près de nous dans ce mouvement généreux dont la capitale du monde civilisé a été le théâtre, et du caractère véritable de cette rapide révolution, et du rôle que la doctrine a dû y jouer, et enfin des nouvelles espérances qu'elle nous donne.

» La classe pauvre, la classe la plus nombreuse, celle qui dans les sociétés antiques était composée d'esclaves, et dans le moyen âge de serfs; cette classe d'hommes à qui la société qui nous entoure refuse encore l'éducation morale, l'instruction et l'aisance; cette classe *déshéritée* par nos lois, puisque ses pères ne lui laissent que la misère et l'ignorance, et que ses maîtres lui donnent à peine, pour son travail, le nécessaire; les *prolétaires*, que nos constitutions libérales ne jugent pas dignes de leurs prévisions, et dont nos codes ne s'occupent que pour réprimer leurs révoltes ; le PEUPLE, en un mot, a vaincu, et il a été humain, sage, autant que courageux et fort.

» Il a vaincu CÉSAR et ses soldats *pour* ses éligibles et ses électeurs, *pour* ses journalistes et députés, *pour* ses bourgeois et contribuables, *pour* ses chefs d'ateliers et propriétaires ; mais que feront maintenant *pour* lui tous ces hommes pour lesquels il s'est fait massacrer? Donneront-ils à ses enfants le pain de vie, de sagesse et de force? Les suivront-ils avec amour, *dès leur naissance,* pour les diriger là où leur vocation les appelle? Non, non, nous le savions d'avance, à nous seuls est réservée cette glorieuse mission ; à nous seuls appartient de rétribuer chacun selon ses œuvres, de placer chacun selon sa capacité ; alors il n'y aura pas plus de riches et de puissants *par la naissance,* que de pauvres et de faibles *par la naissance ;* alors les faibles ne se révolteront plus contre les forts, ni les pauvres contre les riches, car les forts ne tueront plus les faibles, et les riches n'exploiteront plus les pauvres ; les OISIFS, voilà les pauvres et les faibles de l'avenir ; les TRAVAILLEURS y seront riches et puissants.

» Chers enfants, lorsque cette crise, dernière conséquence de la révolution française, a commencé, nous vous avons écrit que notre intention était de vous voir CALMES, comme nous, au milieu de ce nouveau désordre, présage irréfragable de l'ordre nouveau, de l'avenir saint-simonien; nous vous disions de vous préparer à mettre à profit cette nouvelle et éclatante manifestation de la volonté divine, et de vous tenir prêts, quel que fût le résultat de la lutte, à développer les germes d'avenir qui s'y seraient fait jour. Ce n'était pas un éloignement *timide* que nous vous demandions ; nous savions, parce que nous le sentions nous-même, que c'était exiger de vous un grand acte de courage, que de vous empêcher d'unir vos efforts à ceux de vos anciens frères d'armes, et de vous exposer ainsi à être méconnus par eux, à recevoir de cuisants reproches, à justifier les préjugés qui déjà existaient en eux contre la doctrine, lorsqu'ils virent qu'elle nous avait arrachés à la scène libérale, pour nous plonger dans ce qu'ils appelaient nos rêveries, dans ce qu'ils prenaient souvent pour de la rétrogradation.

» Notre éloignement ne devait donc être ni l'inaction ni le silence; nos yeux étaient ouverts, et nous avons parlé. Nous avons pris position, non au milieu, mais au-dessus des partis, en montrant aux vainqueurs et aux vaincus *pourquoi* la victoire, et *pourquoi* la défaite, en proclamant ce qui manquait à l'une et à l'autre pour qu'elles fussent définitives.

» Notre parole ne devait pas être généralement comprise ; nous le savions. Les uns allaient s'écrier : Il s'agit bien d'avenir ! Les autres devaient craindre que nous ne fissions diversion aux cris de : *Vive la Charte !* et nous traiter avec autant de rigueur qu'ils en auraient montré contre des *ultras;* d'autres enfin, classe nombreuse, faible, timide, parce qu'elle a de justes sujets de crainte, devaient voir dans notre proclamation un appel au peuple pour dépouiller violemment les riches, et détruire cette aristocratie bourgeoise qui s'est élevée mesquine, mais avide, sur les ruines de l'ancienne féodalité. Aucun d'eux ne pouvait savoir qui nous étions, mais tous voyaient que nous n'étions pas eux, et que cependant nous avions rompu plus complétement qu'eux tous avec le passé ; que placés ainsi en avant de tous, nous préparions un avenir que tous pouvaient ne pas comprendre, croire impossible peut-être, mais qui avait un caractère que les sympathies généreuses ne pouvaient méconnaître ; tous pouvaient encore nous traiter du nom de rêveurs, mais *d'audacieux* et *généreux* rêveurs ; voilà ce que nous voulions. Ce jour, cette feuille marqueront dans les traditions saint-simoniennes; bientôt les hommes qui ne nous ont pas compris encore s'écrieront : Les saint-simoniens nous l'avaient bien dit!

» Chers enfants, nous ne nous sommes pas bornés à proclamer notre foi dans un meilleur avenir, à dire à un peuple révolté contre ses anciens maîtres qu'il lui fallait de nouveaux chefs vénérés, chéris, à prononcer le nom sacré de Dieu devant des hommes qui ne l'avaient pas invoqué au moment même où ils accomplissaient l'œuvre la plus *religieuse;* à révéler au monde, qui depuis deux siècles s'efforce de détruire tout *ordre*, tout *pouvoir,* toute *hiérarchie,* parce qu'il voit en eux la violence, l'oisiveté, le privilége aveugle de la naissance, nous ne nous sommes pas bornés, disons-nous, à lui révéler un *ordre* et un *pouvoir* nouveaux, fondés sur le travail et la paix, une *hiérarchie* nouvelle, indépendante de la naissance, uniquement basée sur la capacité; et cependant que pouvait-on lui *dire* de plus grand? Mais il fallait *agir*.

» Un jour, la lutte armée, le combat étaient finis; le sang ne coulait plus, les esprits inquiets songeaient au lendemain. Qu'allons-nous faire? tel était le cri qui sortait de toutes les bouches. Ceux qui avaient vaincu (LE PEUPLE) avaient leurs armes; ceux qui ne s'étaient pas battus (LES BOURGEOIS) commençaient à prendre les leurs. Les premiers criaient : *Plus de Bourbons!* les autres se disaient à l'oreille : *Sans d'Orléans, nous ne pourrons pas contenir cette* POPULACE; et les hommes qui depuis quinze ans excitent cette *populace* contre ses chefs, contre ses rois, tremblaient, ils reculaient devant leur ouvrage; ils se comparaient presque à Bailly, à tous ces promoteurs de la révolution qui en ont été les premières victimes. La Gironde nouvelle pâlissait devant une nouvelle Montagne qui n'était pas encore élevée, mais qu'elle sentait surgir sous ses pas.

» Notre heure était venue; nous devions nous assurer de la réalité des craintes des uns, de la puissance de volonté des autres.

» Ceux de nos fils qui sortent de l'École polytechnique, revêtirent l'habit que ces jours de sang avaient une seconde fois couvert de gloire, ils parcoururent la ville, se mêlèrent aux troupes, cherchant surtout leurs jeunes frères de l'École, pour savoir s'ils trouveraient en eux les chefs de ce mouvement populaire, que les uns espéraient, que d'autres redoutaient, et que nous aurions dû chercher à calmer, à maîtriser même, s'il s'était manifesté. Nous tous, anciens défenseurs, anciens guides du libéralisme qui venait de triompher, persuadés à l'avance que parmi les chefs courageux du peuple dans ces trois journées, il ne se trouvait que des héros d'un jour, admirables pour un coup de main, impuissants pour un acte social, nous devions toutefois reconnaître positivement si ces jeunes rejetons de l'arbre de la liberté étaient incapables de porter des fruits, nous devions voir si, parmi ces braves, Dieu n'aurait pas encore voulu faire naître un de ces hommes capables d'agiter un peuple armé, de lui commander la résistance à toute restauration d'un ordre social qui vient d'être renversé, car notre place alors eût été marquée entre les vainqueurs et les vaincus.

» Mais non, toutes les têtes étaient courbées sous le niveau de l'égalité, aucune d'elles ne s'élevait ambitieuse ; LE PEUPLE n'avait pas de chefs, les BOURGEOIS pouvaient encore dormir en paix, le mouvement révolutionnaire avait cessé ; l'heure du danger n'avait donc pas encore sonné pour nous et nous pouvions nous retirer, car la machine représentative allait reprendre pour quelque temps son mouvement.

» Chers enfants, il est important que vous ne vous mépreniez pas sur les démarches que nous faisions en ce moment, écoutez.

» Toutes les constitutions, avons-nous dit, ont été jusqu'ici des transactions entre des classes qui n'ont jamais admis le peuple à les discuter, à les signer; ce n'est pas là leur mal, car le peuple ne fait jamais ses lois; aucune d'elles n'a eu pour objet *l'amélioration du sort* MORAL, PHYSIQUE ET INTELLECTUEL *de la classe* LA PLUS NOMBREUSE ET LA PLUS PAUVRE, aussi toutes ont été renversées après quelques instants de durée. Toutes ces chartes, constamment déchirées et réimprimées avec corrections, additions, sont impuissantes, vous le savez, à nous donner L'ORDRE ET LA LIBERTÉ. Un jour viendra donc où le peuple, résistant à ses vieux maîtres, sera prêt à recevoir *directement* une organisation saint-simonienne ou du moins à préparer, sous l'influence *indirecte* de la doctrine, cette prochaine organisation. Ce jour viendra, et nous en serons avertis, lorsque nous verrons, d'une part, ses anciens chefs déconcertés, prêts à quitter la partie, craintifs, sans volonté, incapables d'inventer une rédaction nouvelle des *droits imprescriptibles*, comme ils les appellent; et de l'autre, le peuple prêt à abuser, SI NOUS NE PARAISSONS PAS ALORS, d'un affranchissement dont il ne connaîtrait pas le but.

» Sans doute nous devons croire que la grande

et définitive évolution que Saint-Simon fera faire à l'humanité sera opérée ; pendant un assez long temps encore, par assimilation insensible à l'association déjà formée par nous; sans doute notre rôle politique ne devra commencer que lorsque la doctrine aura pénétré les classes supérieures de la société et qu'elle se sera même assez longtemps produite par son culte aux yeux des classes inférieures, pour que la prise de possession du pouvoir se fasse en même temps, pour ainsi dire, par *en haut* et par *en bas*; et, cependant, les saint-simoniens pourraient être destinés à paraître plus tôt sur la scène politique, ce qui arriverait si la société, privée de ses chefs, livrée au désordre, s'abandonnait aux mains toujours sanglantes de l'anarchie.

» Cette dernière supposition nous paraît bien moins *probable* que l'autre, mais elle est *possible*; nous devions donc y être préparés; nous devions donc tout faire pour nous assurer des chances actuelles de sa réalisation, car nous seuls pourrons, lorsque le peuple cherchera vraiment des chefs, et lorsque ses députés, électeurs, bourgeois, journalistes, philosophes, propriétaires, se tiendront tremblants à l'écart, nous seuls pourrons avoir la foi de l'autorité et commander l'obéissance ; nous seuls pourrons découvrir les éléments d'ordre alors existants, les réunir, les féconder, appeler à nous tout ce qui sera vraiment *en progrès*; parce que l'AVENIR est à nous : nous seuls pourrons aussi éloigner tout ce qui sera usé, vieilli, rejeter les instruments vermoulus d'une lutte devenue inutile, prévenir et calmer les résistances *rétrogrades;* parce que nous savons LE PASSÉ et ne craignons rien de lui.

» Voilà pourquoi hier nous marchions vers nos écoles, vers notre jeunesse studieuse et pleine d'enthousiasme, qui ne sait pas encore qu'elle ne sera vraiment *libre* que lorsque les sources de la science et de l'enthousiasme se répandront largement sur ce peuple qu'elle doit aimer, plus encore pour ce qu'il pourra faire un jour que pour la bravoure et l'humanité qu'il vient de déployer. Voilà pourquoi nous cherchions à découvrir, en nous mêlant aux hommes qui ont triomphé, c'est-à-dire aux *travailleurs*, si le règne de l'*oisiveté* était accompli, en d'autres termes si la *révolution* était achevée.

» Enfants, nous vous avons dit ce que nous avions fait; voici maintenant ce que nous avons à faire.

» La révolte sainte qui vient de s'opérer ne mérite pas le nom de révolution; rien de fondamental n'est changé dans l'organisation sociale actuelle; quelques noms, des couleurs, le blason national, des titres, quelques modifications législatives qui réduiront les attributions du pouvoir à peu près à un rôle de police, et de police très-bénigne, telles sont les conquêtes de ces jours de deuil et de gloire. Toutefois, pour nous, voici leur résultat le plus important. Il n'est pas d'âme généreuse, parmi vos anciens frères d'armes, parmi les libéraux, dont la foi *constitutionnelle* ne se soit ébranlée, en même temps que son amour pour le peuple s'est accru de toute la gloire qu'il vient d'acquérir. Faiblesse, désunion, divagations, déraison, pauvreté de tout genre, rien n'a été épargné pour leur faire sonder l'abîme qu'ils n'avaient pas encore aperçu. Profitons de cette heureuse disposition; pour ceux-là, ouvrons largement les trésors de l'avenir révélé par Saint-Simon, achevons leur désenchantement; qu'ils brisent comme nous les idoles, que nous avons comme eux encensées; montrons-leur, nous qu'ils traitaient de rêveurs, nous qu'ils accusaient de retourner vers le passé, parce que nous les avions quittés pour l'avenir, montrons-leur qu'eux seuls rêvaient, que nous touchions à la réalité, que, loin d'abandonner cette cause sacrée à laquelle ils savent que nous n'avons jamais craint de nous dévouer, plus que jamais amis des classes pauvres, amis du peuple, certains de ses heureuses destinées, nous les préparons, plus sûrement qu'avec leurs armes et leurs constitutions, par nos *prophéties*, incomprises d'abord, mais qui deviennent sensibles aujourd'hui pour les intelligences les moins élevées, pour les cœurs les plus endurcis.

» Dites-leur que le passé tout entier vient d'essuyer sa dernière défaite; que les fruits de la révolution nous sont définitivement acquis; que les instruments de guerre qui nous ont servi à la faire, à la compléter, sont déposés par le peuple : qu'il s'est montré bien au-dessus des militaires, des légistes et des bourgeois; qu'il est digne enfin que l'on s'occupe directement de son bonheur.

» Rassurés alors contre les tentatives rétrogrades que depuis quinze ans ils ont combattues, certains qu'il suffit d'un geste, d'un souffle pour les faire disparaître, pourront-ils nous reprocher encore d'avoir abandonné une arène où l'on ne s'est jamais battu pour l'avenir? Non, ils laisseront comme nous quelques avocats discuter encore, et toujours discuter une question insoluble pour eux, et que le peuple a résolue en un instant, celle des *garanties* contre un pouvoir IMMORAL, IGNORANT, IMPUISSANT; ils s'occuperont avec nous d'une question plus vaste; fatigués de cette guerre sans cesse renaissante, ils voudront voir s'élever enfin un pouvoir AIMANT, INTELLIGENT et FORT, à l'égard duquel l'obéissance et non l'insurrection serait le plus saint des devoirs.

» Cette noble ambition, n'en doutez pas, amènera vers nous les hommes que nous avons mission d'éclairer les premiers, c'est-à-dire ceux qui, brûlant de consacrer leur vie à l'amélioration du sort de leurs frères, sont les seuls hommes *religieux*, les seuls véritables *prêtres* de notre époque. D'autres, moins dévoués, engagés plus profondément dans le mouvement politique actuel, portant les regards moins loin dans l'avenir, exigent cependant aussi vos soins. Saint-Simon doit, par vous, se mettre à la portée de leur intelligence, et diriger les sentiments qui les animent. Que par vos conseils, ils réclament sans cesse et plus vivement que jamais :

» La liberté entière des cultes, aucun clergé ne recevant de salaire de l'État;

» La liberté de la presse; l'abolition des priviléges des libraires, imprimeurs, et des droits énormes qui gênent l'émission de la pensée;

» La liberté de l'enseignement et l'annulation de la rétribution universitaire;

» La destruction des monopoles commerciaux de tous genres, la liberté entière du commerce et de l'industrie;

» L'abolition de l'art. 291 du Code pénal, qui défend les réunions au-dessus de vingt personnes; car cet article vaut à lui seul toutes les autres armes légales du pouvoir;

» Enfin, la destruction de la pairie héréditaire, débris trop évident de la féodalité, seul appui que les privilégiés de la naissance puissent encore trouver aujourd'hui dans nos formes gouvernementales.

» Voilà pour ceux à qui leur position donne de l'influence sur le mouvement libéral; mais n'oubliez pas que votre parole doit ici porter plus que jamais l'empreinte saint-simonienne. Toutes ces libertés, vous le savez, seront tôt ou tard réclamées, ardemment sollicitées par des hommes qui croiront consciencieusement y voir des *moyens d'ordre*, tandis que pour vous elles n'ont d'autre effet que de rendre moins pénible, plus prompte, moins dangereuse, une dissolution inévitable, vers laquelle nous marchons avec une vitesse accélérée qui serait effrayante, si nous ne savions pas que cette dissolution, que ce *désordre* est la condition obligée de *l'ordre* social nouveau; si nous ne savions pas, surtout, que ses progrès permettront de plus en plus aux hommes qui les sollicitent encore, de se détacher de ce mouvement *anarchique*, pour se rallier à la *hiérarchie* nouvelle.

« Chers enfants, rappelez donc aux libéraux ce qu'ils doivent faire comme libéraux, mais que votre voix ne se confonde pas avec les cris de la démagogie ; nous demandons en ce moment *la liberté* DES *cultes*, c'est pour qu'UN culte *unique* puisse plus facilement s'élever sur toutes ces ruines du passé religieux de l'humanité. Nous voulons la liberté de la presse, parce qu'elle est la condition indispensable de la création prochaine d'une *direction* vraiment *légitime* de la pensée, celle de la moralité et de la science ; nous réclamons la liberté de *l'enseignement*, pour que notre *doctrine* se propage plus facilement, sans obstacles, et soit un jour la seule AIMÉE, *sue* et *pratiquée* par tous. Nous appelons de tous nos veux la destruction des monopoles commerciaux et des corporations privilégiées encore existantes, mais seulement comme un moyen d'arriver à une *organisation* définitive du *corps* industriel.

» Tel est notre but, en favorisant, en excitant, les demandes des libéraux ; proclamez-le hautement, et ne craignez pas que cet aveu les effraie aujourd'hui, et qu'ils nous jugent comme ils le faisaient avant ces trois grands jours ; alors ils voyaient en nous des ultras, des jésuites, des prêtres de Thèbes et de Memphis, des partisans du despotisme; aujourd'hui nous serons plutôt des montagnards, des démagogues, et cependant nous sommes restés les mêmes; nous savions bien que nous devrions nous présenter ainsi aujourd'hui à leurs yeux effrayés; nous savions qu'après avoir excité pendant si longtemps le peuple à la révolte, ils reculeraient épouvantés devant leur ouvrage, et que, lorsqu'ils craindraient autant la démagogie qu'ils redoutaient naguère le despotisme, les saint-simoniens ne seraient plus pour eux d'ambitieux théocrates, mais des démagogues furieux : l'un de nos chers fils ne le leur disait-il pas, lorsqu'il s'écriait, il y a peu de jours, en parlant de notre maître : « Gloire à celui qui proclama le règne exclusif de DIEU, et le bonheur toujours croissant du PEUPLE! Il fut le plus HUMAIN des théocrates, le plus DIVIN des démocrates ! »

» Enfants, et vous tous qui entendez notre voix, apprenez que l'HOMME DIEU des chrétiens est devenu, en Saint-Simon, l'HOMME PEUPLE; sous ce nom DIVIN, UN ET MULTIPLE à la fois, les souverains de l'avenir, les papes de l'église nouvelle réaliseront enfin cette *souveraineté* du *peuple*, impraticable rêverie pour ceux qui ne voient jamais dans le peuple qu'une *multitude* sans *chef;* vérité pour le pape saint-simonien, car le peuple est en lui, AIMANT, *sage* et *puissant*, marchant COMME UN SEUL HOMME vers l'avenir que Dieu lui destine. »

BAZARD — ENFANTIN.

Les chefs du saint-simonisme s'étaient montrés tout à fait conséquents et parfaitement logiques, soit en invitant leurs disciples, au nom du Dieu d'amour, au nom du Dieu de la fraternité, de la paix et de la création perpétuelle, à s'abstenir de toute participation à l'effusion du sang humain, soit en intervenant ensuite dans la politique de réorganisation pour y faire pénétrer et prévaloir les inspirations de ce même Dieu, et pour témoigner, par cette intervention empressée, que leur doctrine était complète, qu'elle consacrait l'unité dans l'homme comme dans l'univers, sans plus d'antagonisme entre la matière et l'esprit, et qu'elle ne prenait pas moins souci de l'amélioration matérielle et actuelle des sociétés humaines, que de leur progrès intellectuel et moral et de la destinée éternelle des individus, humbles et superbes.

Les événements de chaque jour fournirent aux saint-simoniens l'occasion de manifester de plus en plus que leur religion embrassait la politique [1]

1. Après la démarche de Bazard auprès de Lafayette, il se

aussi bien que la morale et la science, le présent comme l'avenir, et que le temporel ne les préoccupait pas moins que le spirituel.

Cette nouvelle attitude des apôtres du saint-simonisme, en face des partis contraires qui se disputaient le pouvoir, amena quelques réclamations de la part d'un petit nombre de disciples ou de catéchumènes. Rességuier lui-même nia l'opportunité

produisit, le 4 août, un nouvel incident qui ramena quelques saint-simoniens à l'hôtel de ville. Lafayette, quoique bien convaincu que le libéralisme parlementaire et orléaniste allait inévitablement gouverner la France, avait espéré du moins quelques concessions importantes, pour la démocratie, dans une charte nouvelle, et il les avait même indiquées et précisées dans un programme fameux. S'apercevant bientôt que ses espérances couraient risque de n'être pas agréées par les 221, maîtres prédestinés de la situation, il s'exprima assez clairement sur la déception qu'il pressentait, pour que son entourage le crût disposé à ne pas contrarier des efforts extra-parlementaires qui auraient pour but d'empêcher une quasi-restauration devenue menaçante. Le parti démocratique fut convoqué officieusement, le 4 août, à l'hôtel de ville, et il ne fit pas défaut à cet appel. Joubert, beau-frère de Bazard, influent depuis longtemps dans l'entourage de Lafayette, avait donné l'éveil. Godefroi Cavaignac, Jules Bastide, Guinard, Boinvilliers, Armand Marrast, Charles Teste, etc., se trouvèrent au rendez-vous. Carnot, Laurent, Michel Chevalier, Cazeaux, Transon, etc., y allèrent de leur côté. La place de Grève était encombrée d'hommes armés. Des artilleurs, accourus de Metz, avaient à leur disposition deux pièces de canon. On parlait de marcher sur les chambres pour prévenir leurs résolutions plus ou moins réactionnaires. Il s'agissait de faire une vérité du programme de l'hôtel de ville. A ce moment, un envoyé du Palais-Royal vint essayer de rassurer les jeunes démocrates sur les intentions du duc d'Orléans. Il les engagea à s'en

de la visite de Bazard à Lafayette; et la sœur de la jeune veuve de Vandermarck, dans une lettre à Enfantin, lui reprocha d'avoir voulu profiter d'un moment d'effervescence pour soulever le peuple. Enfantin répondit longuement, et avec toute sa douceur et toute sa franchise de père à cette étrange accusation; nous ne reproduisons ici qu'un extrait des dernières pages de sa lettre :

édifier par eux-mêmes, et quelques-uns d'entre eux, Cavaignac, Bastide, Guinard, Boinvilliers, consentirent à se présenter chez ce prince. Carnot se joignit à eux. Il n'y a rien à ajouter à ce que L. Blanc a écrit sur cette entrevue. Rappelons seulement ce fait : on avait dit aux démocrates qu'ils n'avaient qu'à se rendre à la chambre des députés pour entendre proposer par un ami du duc, M. Bérard, tout ce qu'ils désiraient comme progrès constitutionnel. On leur avait distribué même des billets pour les tribunes. Quand ils eurent porté ou fait parvenir à l'hôtel de ville la réponse qu'ils avaient obtenue, cette réponse devint le signal de l'évacuation de la place de Grève, et d'une promenade paisible, à la débandade, vers le palais Bourbon.

M. Bérard fit, en effet, la motion convenue, et qui fut vite transformée, par le vote parlementaire, en *charte-vérité*..... pour 18 ans! tandis que les agents de police arrêtaient, aux abords et dans l'enceinte même du palais, les personnes venues de l'hôtel de ville et qui osaient témoigner tout haut quelque mécontentement de ce qui se passait dans la salle des séances, et qui transpirait au dehors. La mystification fut complète.

Les saint-simoniens, qui s'étaient associés au mouvement de cette journée, désormais bien convaincus de l'inanité officielle du criticisme révolutionnaire, se retirèrent avec la résolution de se renfermer dans leurs pacifiques enseignements, et de ne plus se mêler aux querelles des partis et aux débats de la place publique.

« *Août* 1830 [1]. Nous savons quelle est AUJOURD'HUI notre puissance sur le peuple, elle est nulle; nous n'essayons pas de le soulever, mais nous voudrions que les *bourgeois* apprissent qu'il se soulèvera d'autant plus certainement, que, pour l'empêcher, on n'emploierait d'autres moyens que la baïonnette et le canon. — Charles X a cru que quelques gendarmes feraient taire des voix importunes, les bourgeois sont presque aussi aveugles que lui; nous avons profité des derniers événements pour les avertir, et nous avons en partie réussi; on commence à reconnaître que toute la question politique est là, qu'il ne s'agit plus de prêtres et de nobles comme en 89, et même comme en 1829, mais bien du peuple et des bourgeois, ou mieux des *travailleurs* et des *oisifs*, c'est beaucoup de savoir où est la question, et comment elle doit être posée; *le Journal des Débats* aussi bien que *la Gazette de France*, aussi bien que les journaux les plus libéraux en sont venus là, ils en tirent tous, pour le moment, des conséquences différentes, mais ils savent de quoi il s'agit: Saint-Simon le leur a annoncé depuis 1814, ils se sont moqués de lui;

1. Enfantin eut à répondre à deux lettres de cette dame et à une autre de Mme Vandermarck, dans le courant du même mois. Ses réponses ont été conservées en minute et copiées par lui ou sous ses yeux.

nous continuons l'œuvre de notre maître, et l'on commence à se moquer un peu moins de nous; après nous avoir trouvés ridicules, incompréhensibles, obscurs théoriciens, ceux qui ne viennent pas encore à nous, nous trouvent dangereux et trop compréhensibles, trop clairs, puisqu'ils prétendent, comme vous, que nous allons remuer le peuple. Du rôle de rêveurs nous sommes passés, suivant eux, à celui d'agitateurs; les premiers chrétiens ont été traités ainsi, et cela doit être, car nous parlons de l'amélioration du sort du peuple, comme les apôtres parlaient en faveur des pauvres; relisez leurs actes et leurs épîtres, madame, et dites-moi, si en vous reportant par la pensée dans une société où il y avait des maîtres et des esclaves, vous n'auriez pas regardé saint Paul, vous qui nous accusez d'agiter le peuple, comme venant le soulever et tout bouleverser? N'est-ce pas pour cette raison même qu'on a versé le sang des martyrs dont vous vénérez les noms? Les païens et les athées, après les avoir bafoués comme insensés, après avoir refusé de les étudier, de les entendre, n'ont point compris ce qu'il y avait d'avenir dans leurs paroles, ils les ont condamnés comme auteurs des maux auxquels cette parole elle-même venait apporter un remède. En vous remettant ainsi les premiers temps du christianisme sous les yeux, j'espère que vous ne trouverez plus que notre amour pour le peuple soit une raison *suffisante* pour nous blâmer, c'est pour cela que je n'ai pas craint d'employer le mot de légèreté en parlant du jugement que vous avez porté sur nous ; pour qu'il fût fondé, il faudrait que vous puissiez me prouver que le peuple est *bien* et que ses relations avec les classes supérieures sont très-favorables à tous; que dans notre société on fait tout ce qu'on peut pour élever chacun suivant sa capacité, quelle que soit sa naissance. »

» P. ENFANTIN. »

A ces explications particulières, Enfantin et Bazard joignirent une déclaration solennelle portant pour titre : *Jugement de la doctrine de Saint-Simon sur les derniers événements*. Ce fut Bazard qui rédigea ce manifeste, que nous reproduisons en entier comme document historique :

« Des hommes qui, pendant quarante ans, n'avaient cessé de nier, au nom de Dieu, la plus grande manifestation de sa providence dans les temps modernes, LA RÉVOLUTION FRANÇAISE, un jour, enivrés par leurs propres clameurs, enhardis par la longue impunité laissée à leurs insultes, à leurs menaces toujours croissantes, osèrent enfin parler et agir comme si ce grand événement avait été rayé des fastes de l'humanité. A cette attaque insensée et imprévue, la Révolution se leva dans toute sa force première, et en un moment acheva d'anéantir ou de disperser ses aveugles et chétifs ennemis.

» Cette crise a été grande et solennelle; mais après la victoire qui l'a si promptement terminée; après tant de noble exaltation, d'héroïque dévouement, qu'elle a mis au jour, qu'y a-t-il de nouveau au monde? qu'y a-t-il de changé dans l'ordre social? Quelque grande sympathie, auparavant étrangère aux hommes, s'est-elle emparée de leurs cœurs? quelque autre révélation est-elle venue leur découvrir de plus brillantes destinées, les associer pour un but nouveau? Non. Seulement un fait est consommé; une possession jusque-là précaire est devenue certaine; la Révolution française, enfin, a reçu sa sanction définitive.

» Et c'est là sans doute une importante conquête; car pour que l'humanité pût faire un nouveau pas dans la carrière du progrès, il fallait, avant tout, que celui-là fût assuré; pour que les hommes qui sont appelés à marcher à sa tête consentissent à tourner leurs regards vers l'avenir; il fallait d'abord qu'ils fussent délivrés des craintes de rétrogradation qui les préoccupaient; il fallait qu'ils eussent foi dans le progrès; or, cette foi vient de leur être donnée par l'impuissance des derniers efforts du passé, par la facile victoire qu'ils ont remportée sur lui.

» Cette victoire est donc un bienfait; nous l'avons glorifiée, nous l'avons saluée de nos acclamations; mais, nous le répétons, ce n'est point là une révolution sociale; le monde attend une ère nouvelle; cette ère n'a point commencé, seulement celle du passé vient de se rapprocher de son terme.

» Depuis la fin du dernier siècle, il n'y a plus qu'une révolution possible dans le sein des sociétés, mais elle est inévitable ; or, voici les changements qu'apportera au monde cette révolution, que tant de fois déjà nous avons annoncée, qui ne s'accomplira ni par le fer ni par le feu, qui ne sera pas cimentée par un nouveau sacrifice sanglant, mais que l'élan des cœurs doit rendre irrésistible.

» Les peuples aujourd'hui sont divisés, isolés ; ceux qui se trouvent en contact se regardent comme se faisant réciproquement obstacle; la guerre, l'antagonisme sous toutes ses formes, sont l'expresion habituelle de leurs rapports.

» Les peuples seront unis, ou plutôt l'humanité

entière ne formera plus qu'un seul peuple; aux associations partielles et rivales que nous voyons exister, succédera l'ASSOCIATION UNIVERSELLE; la guerre alors aura pour toujours disparu de la surface du globe.

» Sous les noms de liberté, d'indépendance et de concurrence, les individus, dans le sein de chaque société particulière, sont entre eux, sous le triple rapport de leurs *sentiments*, de leurs *idées*, de leurs *actes*, dans un état d'antagonisme ou au moins d'isolement analogue à celui qui existe entre les peuples. Ceux qui suivent des carrières différentes se croient étrangers les uns aux autres, ceux qui suivent la même carrière se considèrent comme des rivaux, et se conduisent comme si l'un ne pouvait s'élever ou prospérer qu'en abaissant ou en ruinant les autres.

» Tous les individus seront unis, associés par un même amour, dans une même pensée et pour un même but; les différentes activités individuelles se confondront dans une activité commune; la diversité des travaux ne se présentera plus que comme l'expression de la division harmonique d'un même travail, et tous se réjouiront du progrès de chacun; car le progrès de chacun contribuera directement à l'avancement de tous.

» La société aujourd'hui n'a point de but d'activité déterminé; ses institutions, ses lois, n'ont pour unique objet que la conservation des intérêts *individuels* de la minorité de ses membres.

» La société sera organisée pour le progrès de la Religion, de la *science* et de l'*industrie*; elle aura directement pour but, par cette organisation, l'amélioration *morale*, *intellectuelle* et *physique* du sort de la classe la plus nombreuse.

» Les hommes investis du pouvoir politique sont considérés comme les ennemis naturels de ceux qu'ils gouvernent, ou au moins, dans le cas le plus favorable, comme leur étant toujours inférieurs en générosité, en lumières, en activité : et en effet *aujourd'hui*, soit égoïsme, soit incapacité, il est certain que leur tendance générale est de faire rétrograder la société ou d'en arrêter le mouvement. Aussi, quelle que soit leur faiblesse, s'appliquera-t-on chaque jour encore à donner, sous le titre de *garanties*, de nouvelles entraves à leur action.

» Les chefs de la société seront ceux qui l'aimeront le mieux, qui lui révéleront sa destination et qui seront les plus capables de l'y conduire; les peuples s'abandonneront avec amour à leur direction, et ils se réjouiront de leur puissance, et leur plus ardent désir sera de la voir s'étendre; car chaque accroissement de la puissance de leurs chefs sera le signe d'un progrès accompli pour eux-mêmes, et le gage d'un progrès nouveau qu'ils se sentiront appelés à faire.

» La hiérarchie politique et la hiérarchie du travail sont étrangères l'une à l'autre!

» Les chefs des travaux, *religieux, scientifiques* et *industriels* seront, à ce titre seul, les chefs politiques de la société.

» Les classes *oisives*, celles qui vivent du loyer des terres et des capitaux, c'est-à-dire du loyer des instruments du travail, dont elles ont la *propriété*, sont les classes les plus favorisées, les plus considérées :

» Il n'y aura plus de *propriété* conférant à quelques hommes le privilége de l'oisiveté, tous travailleront ; et ceux seulement qui travailleront le plus, ou dont les travaux auront le plus d'importance, seront les plus favorisés, les plus considérés.

» Il n'existe aujourd'hui aucune relation sociale déterminée, aucun lien politique entre l'homme dévoué et l'égoïste, entre le savant et l'ignorant, entre le riche et le pauvre. L'homme sympathique s'éloigne de l'égoïste qui le glace; l'égoïste repousse un amour qui l'accuse et qui semble le menacer à la fois dans sa possession et dans ses projets;

le savant se sépare avec dédain de la masse ignorante, et celle-ci ne voit qu'avec défiance ou avec mépris les travaux du savant dont elle ne peut comprendre la valeur. Le riche craint le pauvre, et le pauvre n'éprouve que de l'envie ou de la haine pour le riche, dont les jouissances n'ont d'autre effet que de lui faire sentir plus vivement sa misère.

» Les privilégiés de l'amour, de la science, de la richesse, auront pour mission d'élever sans cesse vers eux tous les autres hommes; et ils travailleront avec ardeur, car cette tâche sera pour eux la seule carrière ouverte à leur propre avancement; et tous béniront leur privilége, car tous y reconnaîtront la source du progrès dont ils se réjouiront pour eux-mêmes.

» Les hommes se trouvent aujourd'hui destinés à l'élévation morale ou à la dépravation, aux lumières ou à l'ignorance, à la richesse ou à la misère, *d'après le hasard seul de la naissance*, c'est-à-dire d'après la position dans laquelle se trouvaient fortuitement eux-mêmes les parents dont ils sont nés.

» Aucune classe ne sera plus vouée à la dépravation, à l'ignorance, à la misère; il n'y aura plus entre les hommes que des inégalités d'amour, de science et de richesse ; et ces inégalités ne seront plus déterminées par le hasard de la naissance. Toutes les chances d'avancement seront égales pour tous, au moment où ils arriveront à la vie ; car à ce moment la même éducation sera mise à la portée de tous, et le fonds de la richesse sociale leur sera également ouvert ; les inégalités qui s'établiront entre eux ne seront donc que l'expression fidèle de celles mêmes de leurs vocations primitives.

» Chacun alors sera véritablement *placé* dans le monde *selon sa capacité et récompensé selon ses œuvres*.

» Les femmes, à peine sorties de la servitude, sont encore partout tenues en tutelle et frappées d'interdiction, religieuse, politique, civile ; l'homme, lui seul, constitue *l'individu social*, le mariage est un acte purement individuel.

» Les femmes seront définitivement affranchies, *l'individu social* sera l'homme et la femme ; toute fonction *religieuse, scientifique, industrielle*, sera exercée par un couple. Le mariage sera à la fois un acte *social* et *individuel*.

» L'homme enfin, jeté comme au hasard entre un passé qu'il repousse et qu'il ne comprend pas, et un avenir qu'il ignore et qu'il ne cherche pas, reste sans *lien* avec ses semblables, sans *lien* avec le monde extérieur, en un mot sans *religion*.

» Vainement quelques débris des croyances du passé, quelques vagues instincts d'avenir se produisent-ils sous ce titre sublime : la *religion* est ce qui lie ; et ces superstitions, ces pressentiments, entièrement renfermés dans la sphère étroite de l'individualité, ne lient rien, et bien plus ne prétendent rien lier, ce qui est assez attesté et par la *liberté* des *cultes*, que toutes les opinions religieuses s'accordent également à réclamer, et surtout par cet argument, sur lequel elles se fondent : que la religion est un fait qui appartient à *chacun*, et qui doit rester en conséquence en dehors du règlement politique.

» L'humanité se concevra une destination qui liera le passé à l'avenir, l'homme à l'homme, et l'homme au monde extérieur. Alors il y aura une *religion*, et cette religion, qui sera, non plus *dominante*, mais *seule*, sera la loi politique.

» Tels sont les changements que devra amener la seule révolution possible aujourd'hui après celle que la France, il y a quarante ans, a opérée pour l'Europe tout entière.

» Or, aucun de ces changements n'a été produit par la crise qui vient de se passer ; l'état de la société est aujourd'hui fondamentalement ce qu'il était avant cette crise : il y a plus, il est évident même que plusieurs des désordres et des imperfections que nous venons de signaler comme devant disparaître, ont pris, par elle, un caractère plus prononcé.

» C'est ainsi que l'anarchie morale, intellectuelle et matérielle, vient de se ménager une carrière plus large en réclamant, ce qu'il serait impossible de refuser aujourd'hui, une plus large extension de la liberté des cultes, de celle de l'enseignement et de la concurrence industrielle;

» Que la défiance des gouvernés envers les gouvernants s'est assuré le moyen de se produire avec plus d'efficacité et plus d'éclat, en stipulant des garanties plus fortes contre les nouveaux dépositaires de l'ancien pouvoir;

» Et qu'enfin l'abaissement politique des femmes vient de recevoir en quelque sorte une nouvelle sanction par la reproduction naïve ou brutale, comme on voudra l'appeler, qui vient d'être faite, dans l'acte le plus solennel du moment, de la formule par laquelle une peuplade à demi sauvage de la Germanie déclarait, il y a quinze siècles, que les femmes étaient incapables ou indignes de régner.

» Une révolution sociale est un événement qui fait entrer un élément nouveau dans l'ordre politique, dans l'activité humaine, qui change les relations des hommes, et qui, sous tous ces rapports, se témoigne par l'amélioration du sort *moral*, *intellectüel* et *physique* de la classe la plus nombreuse : rien de semblable n'est arrivé ; les événements dont nous venons d'être témoins ne constituent donc point une révolution sociale ; celle que le monde attendait avant eux est encore tout entière à faire.

» Mais une fois ce point important constaté, et la société mise ainsi à l'abri d'une illusion qui serait de nature à ralentir l'autorité progressive des hommes généreux, soit en jetant dans la contemplation oisive de la victoire ceux qui ne seraient frappés que de son éclat, soit en plongeant dans le découragement ceux qui, regardant ses résultats comme définitifs, sentiraient leur insuffisance, il faut se hâter d'applaudir au changement qui vient de s'opérer, sinon pour le bien positif et actuel qu'il a produit, au moins pour le mal qu'il a empêché ; mais pardessus tout pour la carrière qu'il laisse ouverte au progrès.

» C'est à nous surtout, enfants de Saint-Simon, dépositaires de la foi qui doit régénérer le monde, qu'il appartient de le bénir, de le glorifier à ce dernier titre, et cela doublement, soit pour la liberté plus grande que, momentanément au moins, il donne à l'émission de nos pensées, à l'effusion de nos sympathies, soit surtout pour l'autorité nouvelle que doivent à l'avenir recevoir nos paroles de l'éclatante justification qu'il contient, des jugements, des prévisions, dont tant de fois déjà nous avons fatigué l'incrédulité superficielle et dédaigneuse qui nous entoure.

» Mais peut-être les esprits préoccupés encore, n'aperçoivent-ils point ce témoignage que nous invoquons : qu'il nous soit donc permis de le mettre en évidence et de reproduire ainsi une partie de nos enseignements, devant un public désormais plus favorablement placé pour nous entendre.

» Depuis cinq ans nous disions, après notre maître : La société actuelle est une arène ; ce que nous appelons notre *constitution politique* n'est que la systématisation de la lutte qui s'y passe, nos débats parlementaires, nos brigues électorales, notre polémique de la presse, ne sont que les expressions les plus saillantes de cette lutte.

» On nous répondait : Ce que vous prenez pour un état de guerre n'est que la manière régulière dont se passe le phénomène de la *vie politique*; tel est l'état normal, physiologique du corps social, et c'est ce que vous reconnaîtrez bientôt, lorsque, surmontant les habitudes timides et les préjugés que le despotisme a mis en vous, vous vous serez familiarisés avec le beau spectacle que présente l'agitation féconde et inoffensive de la liberté.

» Mais un jour, sans brusque transition, et comme le terme qui devait suivre immédiatement et inévitablement les hostilités précédentes, le glaive et la mitraille sont venus trancher la question et dissiper enfin l'illusion que nous combattions.

» En présence de l'effroi que le fantôme de la contre-révolution jetait dans les esprits, et témoins des nombreux efforts qui s'appliquaient à prévenir une pareille rétrogradation, nous répétions sans cesse que ce qui avait péri en 1789 ne saurait plus renaître, et que les volontés aveugles qui appelaient ou qui préparaient ce retour, étaient frappées d'impuissance : alors on nous montrait les citoyens sans armes, comprimés par une milice redoutable; on nous montrait l'éducation de la jeunesse, les fonctions publiques envahies par de nombreuses congrégations, qui, exerçant leur influence jusque sur les relations de famille les plus intimes, embrassaient toute la France comme un vaste réseau; on nous parlait encore d'alliances ténébreuses entre tous les ennemis que la Révolution française comptait en Europe.... Eh bien! qu'est devenu cet appareil formidable, cet édifice élevé à tant de frais? Deux jours d'efforts sur un seul point de la France ont suffi pour le renverser à jamais et pour ne plus laisser de doutes sur la faiblesse des ennemis dont nous méprisions les menaces.

» La critique [1], toute-puissante pour détruire, disions-nous, est impuissante pour édifier.

» Nous venons d'assister à ses rapides progrès dans l'œuvre de destruction; mais presque aussitôt nous avons assisté aussi à ses divisions, à ses tentatives impuissantes dans la tâche de l'édification.

Et nous avons vu que si quelque accord extérieur a pu s'établir entre les vainqueurs, c'est grâce seulement à ce que les partis qui les divisaient ont consenti à *ne rien faire*.

» Nous disions que le libéralisme ne pouvait rien pour améliorer le sort de la classe la plus nombreuse et la plus pauvre; que cet objet impor-

1. On se rappellera que nous comprenons sous ce titre toutes les sympathies, toutes les théories politiques qui se sont développées en Europe depuis la réforme, et que la Révolution française a particulièrement sanctionnées. (*Note de l'Organisateur.*)

tant était même étranger à ses sympathies, à ses théories. — Ces expressions, si fréquemment employées, *de souveraineté du peuple, de droits naturels et imprescriptibles de l'homme, d'égalité*, etc., semblaient donner un démenti formel à cette accusation et la faire retomber tout entière sur la violence qui comprimait les efforts des partisans de la liberté. Eh bien ! le libéralisme a été vainqueur, et pas une des voix bruyantes qu'il a fait entendre ne s'est élevée en faveur de cette classe qui pourtant venait de lui donner la victoire; pas une au moins qui, en signalant l'abandon moral et intellectuel auquel elle est livrée, la misère dont elle gémit, soit venue demander qu'on fît cesser cette iniquité et avec elle la fatalité qu'elle fait peser sur tant de générations.

» Nous disions que la critique ne pouvait jamais espérer de détruire complétement l'institution sociale du passé, même dans les formes sous lesquelles elle l'attaquait le plus vivement, et que jusqu'à ce qu'une nouvelle pensée organique fût produite, les créations politiques et religieuses du moyen âge, tout en ne cessant de s'amoindrir, seraient pourtant toujours inévitables.

» Un nouveau règlement d'ordre vient d'être établi, et c'est avec les débris de la royauté qu'on l'a composé, et c'est grâce à ce qui reste encore dans les cœurs de religion ou de superstition pour le principe de la légitimité des races royales, qu'il a été adopté [1], Nous ne parlerons pas *du droit de propriété* et du *droit d'héritage*, tels que nos codes les consacrent, et qui sont restés intacts dans cette occasion, car ils n'ont pas même été mis en discussion, et, qui plus est, il n'est venu à la pensée de personne qu'ils pussent être discutés, et cependant ces droits, qui forment la base principale de l'ordre que présentent encore les relations sociales, résument en eux, en quelque sorte, tout le passé contre lequel la société se débat.

» Nous disions enfin que les doctrines philoso-

1. Vainement, en cette occasion, a-t-on hautement protesté contre la *légitimité* de *droit divin*, et répété sous toutes les formes que le nouveau roi ne devait son avénement qu'au libre choix de la nation ; pourquoi donc le duc d'Orléans aurait-il été choisi de préférence à tout autre? Avait-il provoqué ou dirigé la résistance qui venait de rendre le trône vacant? Tout en offrant, par ses qualités personnelles et par ses antécédents, des garanties à la *liberté constitutionnelle*, en offrait-il plus que M. Lafayette, par exemple, ou même que le général Gérard, qui tous deux avaient figuré dans les événements? On s'indignera sans doute de la supposition qu'un des hommes que nous venons de nommer ait pu prétendre à être roi de France : à la bonne heure; mais que l'on sache au moins reconnaître dans ce sentiment que si le duc d'Orléans a été appelé à la couronne, c'est surtout parce qu'il était membre d'une famille régnante, et déjà voisin du trône par sa naissance. (*Note de l'Organisateur.*)

phiques et politiques du dernier siècle étaient épuisées, que leur mission était remplie, et qu'elles ne devaient ce qui leur restait d'animation qu'aux efforts inutiles que faisaient, pour se relever de leur chute, les puissances qu'elles avaient abattues.

» On prétendait que ces doctrines touchaient à une transformation nouvelle d'où elles allaient sortir toutes pleines de vie et de jeunesse; et déjà on nous montrait avec admiration l'institution bâtarde du gouvernement représentatif comme un fruit de leur rénovation, et comme l'indice des merveilles qu'elles allaient enfanter.

» Ranimées un moment par des tentatives imbéciles de rétrogradation, nous les avons vues, aussitôt après leur facile victoire, retomber dans leur incertitude, dans leur langueur, dans leur stérilité première. — Toute doctrine progressive se témoigne à sa création, comme à chaque phase de son développement, par un signe certain : l'apparition de quelques hommes auxquels toute puissance est donnée sur leurs semblables, et qui les entraînent irrésistiblement à leur suite : Jésus et ses apôtres, saint Athanase et saint Augustin, Grégoire VII et Innocent III, et toutes les puissances qui surgissent à leur voix, voilà les termes imposants de l'évolution du christianisme, les signes vivants de sa mission progressive ; Luther et Calvin, Voltaire et Rousseau, Mirabeau et Robespierre, et tous les grands noms qui s'élèvent à côté de ceux-là, voilà les témoignages irrévocables de la marche ascendante de la critique jusqu'à ce jour. Serait-elle entrée, par la dernière crise, dans une nouvelle carrière de progrès ? Mais où sont donc les importantes figures, les puissances entraînantes qui viennent attester son nouvel avénement ? C'est en vain que dans la foule qui parle et qui s'agite on cherche quelque nom qui s'élève, quelque voix qui domine... Rien n'est changé ; si ce n'est pourtant qu'au milieu de tant de bruit, la médiocrité dont nous gémissions naguère est devenue frappante.

» C'est ainsi que les derniers événements sont venus vérifier les jugements que nous avions portés sur la valeur des sentiments, des idées, des institutions qui caractérisent notre époque. Si la situation qu'ils ont mise en évidence ne devait pas avoir un terme, nous n'aurions qu'à gémir, sans doute, sur les lumières dont ils l'ont éclairée ; mais en même temps qu'ils achevaient de dévoiler les misères que nous signalions, ils découvraient aussi les germes d'un meilleur avenir et rendaient ainsi un témoignage non moins éclatant à nos prophétiques espérances.

» Nous annoncions que tous les peuples aujourd'hui divisés allaient être unis par un même amour : on applaudissait à la générosité de nos sentiments, mais, sans avoir égard à toutes les preuves que nous tirions de l'histoire pour appuyer cette prédiction, on nous opposait en souriant le *rêve* de l'abbé de Saint-Pierre.

» Eh bien! nous avons vu l'Europe accueillir avec transport la nouvelle de nos efforts et de nos succès; nous avons vu l'Angleterre, cette ancienne ennemie de la France, cette nation dont les débats avec la nôtre résument aujourd'hui tout le vieil antagonisme européen, saluer de ses vives acclamations le triomphe que nous venons de remporter, et se l'approprier en quelque sorte en prenant sa part de la dette que nous avons contractée envers ceux qui l'ont acheté de leur sang.

» Or, voilà le signe certain de l'*alliance, de l'association universelle que nous prédisons;* car le jour où la France et l'Angleterre seront unies, l'Europe entière le sera par elles, et le jour où l'Europe ne formera plus qu'une seule *nation*, l'humanité ne formera plus qu'une seule *famille*.

» Nous disions que l'*industrie*, affranchie de ses chaînes, allait être appelée enfin à prendre place dans l'État, à devenir une puissance politique et à substituer l'action régulière, la pacifique influence de ses chefs, aux turbulentes intrigues des représentants abâtardis de la féodalité : mais c'est en vain que nous présentions cet avénement futur de l'industrie comme la conséquence de tous ses progrès antérieurs, comme le complément inévitable d'une possession déjà en grande partie acquise : toute la poésie militaire se déployait aussitôt pour repousser avec indignation une pareille prophétie.

» Des désordres sont survenus et partout nous avons vu les notabilités industrielles figurer au premier rang des hommes dont l'influence était invoquée pour y mettre un terme; nous avons vu enfin deux de ces notabilités, appelées à la présidence de la seule de nos assemblées politiques qui présente encore quelque simulacre de vie.

» Nous ne nous faisons point illusion sur la valeur de ces faits; nous savons fort bien que les industriels qui figurent aujourd'hui sur la scène politique sont bien plutôt redevables de leur élévation à l'importance de leur fortune, qu'à la *capacité* qui en est la source ; à l'étendue de leur clientèle, qu'à la *qualité* de leurs clients; nous savons fort bien aussi qu'eux-mêmes n'ont point la conscience de leur véritable titre à la position qu'ils occupent, et que c'est encore avec les affections et les idées de la bourgeoisie féodale et oisive, qu'ils arrivent au pouvoir et qu'ils l'exercent; mais il n'en est pas moins vrai que toutes méconnues que soient du public et d'eux-mêmes la nature et la *moralité* de leur puissance, cette puissance pourtant est parvenue à se faire jour, et qu'elle n'a plus aujourd'hui qu'un pas à faire pour revêtir son véritable caractère.

» Nous disions que le temps était venu de s'occuper de la classe la plus nombreuse et la plus pauvre, et de lui faire faire un pas égal à celui qui jadis l'avait tirée de l'esclavage. Mais lorsque, pour émouvoir les cœurs en sa faveur, nous montrions l'abaissement moral et intellectuel auquel elle est condamnée, les souffrances physiques qui l'accablent, la fatalité d'opprobre et de misère qui pèse sur ses enfants, on nous disait que tous ces maux étaient inséparables de l'état social, et on s'efforçait d'étouffer notre voix en nous parlant des excès que nous pouvions provoquer, et en nous racontant avec effroi les scènes de meurtre et de pillage de la Révolution française.

» Cet argument est aujourd'hui sans valeur : la classe ouvrière, la classe qui forme l'immense majorité de la population, ces hommes enfin que nos doctrinaires libéraux ont scientifiquement condamnés à un éternel ilotisme, sous le titre insolent de *prolétaires*, viennent d'être les maîtres de l'opulente capitale de la France, et lorsque la mitraille les avait décimés, lorsque les efforts qu'ils venaient de faire les condamnaient nécessairement à un surcroît de misère, ils ont déposé les armes, ils sont rentrés dans leurs tristes demeures, les mains pures du sang de la vengeance et de la dépouille du riche.

» Et maintenant que les faits viennent de donner tant de poids à nos prophéties, qu'il nous soit permis d'en faire une autre.

« Le pouvoir est sans force; tous les liens hiérarchiques, depuis longtemps affaiblis, viennent de se relâcher encore ; la société marche vers une dissolution complète.

» Aucun amour ne lie ses membres, aucune science ne règle ses mouvements, aucune force ne coordonne ses efforts.

» Si cet état se prolongeait, elle périrait : mais un invincible sentiment lui dit qu'elle ne doit pas périr, mais qu'au contraire elle doit grandir et prospérer encore.

» De quel côté se tournera-t-elle pour retrouver la vie qui l'abandonne ?

» L'anarchie révolutionnaire l'a dégoûtée des principes démocratiques.

» La dernière expérience qu'elle vient de faire, en s'abandonnant de nouveau à la royauté et à l'Église, qu'elle avait autrefois renversées, ne lui permet plus de chercher en elles son salut :

» Une seule issue lui reste donc, c'est celle que Saint-Simon lui a ouverte.

» Au milieu de cette société qui tombe en ruines, une autre société s'élève pleine de jeunesse et de vigueur : là chacun est *placé selon sa capacité et récompensé selon ses œuvres* ; là on obéit avec amour, car c'est avec amour qu'on commande ; là on marche avec une science certaine vers un but certain. Voilà le port où doit entrer la société qui est menacée de périr, voilà le foyer où les cœurs doivent se réchauffer, les esprits retrouver la lumière, les forces se ranimer. — L'avenir vous appartient, nous disait notre maître... — L'avenir s'est rapproché, l'humanité, que nous appelons avec amour, va bientôt se jeter dans nos bras. »

BAZARD-ENFANTIN.

FIN DU SECOND VOLUME.

TABLE

DES ARTICLES PUBLIÉS DANS *L'ORGANISATEUR*

(Première année.)

N° 10. — LAURENT : Fabrique de vices et de crimes à l'usage des gouvernements; LAURENT : Le sabre et le rabot; LAURENT : *La Quotidienne* cherche à échapper au reproche de matérialisme politique.

N° 11. — ADOLPHE ALISSE : Sur un article de Benjamin Constant (*Revue de Paris*, t. VII, 1re livr.); LAURENT : Les apostats de la liberté.

N° 12. — JULES ALISSE : Du pouvoir et de la liberté; CARNOT : De la réforme des prisons; MAGNIER : Un mot sur la littérature.

N° 13. — BAZARD : L'organisateur; BOULLAND : Le More de Venise; ENFANTIN : Bâtir est beau, mais détruire est sublime.

N° 14. — ENFANTIN : Correspondance avec Paul Bigot, à Metz; LAURENT : L'industrie de grand chemin. — Les actionnaires.

N° 15. — D'EICHTHAL : 2e lettre sur les domestiques; DUVEYRIER : La loi naturelle.

N° 16. — LAURENT : Méprise du *Mémorial catholique;* JULES ALISSE : L'opinion publique et la foi; LAURENT : Fragment d'une lettre sur la musique.

N° 17. — FOURNEL : Lettre à un catholique; DE BOIS LE COMTE : Au Rédacteur.

N° 18. — Une mère de famille à un théologien; EUGÈNE et BRÉMONT : Lettre de BRÉMONT et réponse d'EUGÈNE RODRIGUE; Marquis DE ROISSY : Note communiquée.

N° 19. — BAZARD : Exposition de la doctrine (1re séance).

N° 20. — D'EICHTHAL : Allocution dans une réunion saint-simonienne.

N° 21. — BAZARD : Exposition (2e séance); LAURENT : Lettre à un catholique; TRANSON : Morale transitoire; LAURENT : Revenus du pauvre.

N° 22. — TRANSON : De l'association universelle; LAURENT : Misère des classes ouvrières.

N° 23. — BAZARD : Exposition (3e séance).

N° 24. — LAURENT : Du mariage des prêtres; LAURENT : Un mot à un journal catholique.

N° 25. — BAZARD : Exposition (4e séance); DUVEYRIER : Lettre à un disciple de Saint-Simon.

N° 26. — LAURENT : Lettre à un libéral (Madier-Montjau).

N° 27. — BAZARD : Exposition (5e séance).

N° 28. — RAUCOURT DE CHARLEVILLE : Aux rédacteurs; Réponse d'ENFANTIN à RAUCOURT.

N° 29. — BAZARD : Exposition (6e séance); LAURENT : Une séance de police correctionnelle.

N° 30. — ENFANTIN : A JULES HENNECART; LAURENT : Détresse des ouvriers en Angleterre; ENFANTIN : Mysticisme.

N° 31. — DUVEYRIER : Aux chrétiens; JULES LECHEVALIER : A DUVEYRIER (profession de foi).

N° 32. — LAURENT : Un disciple de Saint-Simon à ses anciens amis; LAURENT : Caractère de notre époque; ENFANTIN : Égoïsme.

N° 33. — BAZARD : Exposition (7e séance).

N° 34. — D'EICHTHAL : Des sentiments de famille et d'amitié.

N° 35. — BAZARD : Exposition (8e séance).

N° 36. — JULES LECHEVALIER : Note sur le nouveau christianisme; LAURENT : Caractère de notre époque.

N° 37. — BAZARD : Exposition (9e séance); RENOUVIER : Fragment d'une lettre à Saint-Pol.

N° 38. — DUVEYRIER : A BORDILLON.

N° 39. — BAZARD : Exposition (10e séance).

N° 40. — D'EICHTHAL : Caractère et vie de Saint-Simon.

N° 41. — BAZARD : Exposition (11e séance).

N° 42. — MARGERIN à THÉOPHILE BRA, sculpteur; BAZARD : Exposition (fin de la 11e séance).

N° 43. — BAZARD : Exposition (12e séance).

N° 44. — LECHEVALIER : Réponse à quelques objections.

N° 45. — BAZARD : Exposition (fin de la 12e séance); HOART : A CARNOT (profession de foi).

N° 46. — LAURENT : Correspondance.

N° 47. — BAZARD : Exposition (13e séance).

N° 48. — TRANSON : Aux élèves de l'École polytechnique (religion); SAINT-CHÉRON : A un jeune ecclésiastique.

N° 49. — TRANSON : 2e discours (Dieu).

N° 50. — TRANSON : 3e discours (L'humanité); BAZARD-ENFANTIN : Proclamation aux Français.

N° 51. — ENFANTIN : Deux lettres sur la révolution de juillet.

Imprimerie L. Toinon et Ce, à Saint-Germain

SOUS PRESSE

POUR PARAITRE DU 1er AU 15 OCTOBRE PROCHAIN

LE TROISIÈME VOLUME

DES

ŒUVRES DE SAINT-SIMON ET D'ENFANTIN

RENFERMANT LA SUITE DE LA NOTICE HISTORIQUE :

ENFANTIN (Années 1830 *in fine*, 1831 et 1832).

Les autres volumes paraîtront successivement à des époques également rapprochées.

Chaque volume, contenant 15 feuilles (240 pages),

SE VEND 1 FRANC

Imp. L. Toinon et Cie, à Saint-Germain.

www.ingramcontent.com/pod-product-compliance
Ingram Content Group UK Ltd.
Pitfield, Milton Keynes, MK11 3LW, UK
UKHW012023240726
13965UKWH00002B/528